하루 딱 20개!

진짜 한권으로 끝내는

JLPT 기출단어장

시원스쿨어학연구소 지음

N5·N4

진짜 한 권으로 끝내는
JLPT 기출단어장 N5·N4

초판 1쇄 발행 2020년 12월 16일
개정 2쇄 발행 2024년 3월 4일

지은이 시원스쿨어학연구소
펴낸곳 (주)에스제이더블유인터내셔널
펴낸이 양홍걸 이시원

홈페이지 www.siwonschool.com
주소 서울시 영등포구 영신로 166 시원스쿨
교재 구입 문의 02)2014-8151
고객센터 02)6409-0878

ISBN 979-11-6150-742-2 13730
Number 1-311314-18181807-02

당장 시험을 앞두고 있으면서
아직도 두꺼운 단어장으로 공부하시나요?

일본어능력시험(JLPT)에 합격하려면 단어를 어떻게 외워야 할까요? JLPT를 준비하는 학습자라면 한 번쯤은 고민해 봤을 것 같습니다. 시원스쿨일본어연구소에서는 학습자 여러분의 불안감을 해소하고, JLPT를 준비하는 데 있어 효율적인 방법을 제시하고자 2010년에서 2023년까지의 26회분의 빅데이터를 기반으로 반복되어 출제되는 단어들을 뽑아냈습니다. 또한 독해와 청해 기출문제에서 문장을 선별하여 예문으로 실어 놓았기 때문에 이 단어장 한 권이면 독해·청해까지 모든 영역을 커버할 수 있습니다. 하루에 20개 한번 도전해 보세요.

합격을 위한 단어는 480개, 암기는 딱 한 달이면 충분합니다.

이 교재는 확실하게 학습할 수 있도록 3단계 테스트를 구성했으며, 진짜 한 권만의 마스터 비법을 제시합니다. 이제는 더 이상 두꺼운 단어장으로 무작정 외우지 마세요.
그리고 JLPT N5(입문)와 N4(초급)에서는 일상생활에서 많이 사용하는 어휘와 한자가 등장하기 때문에 이 교재는 JLPT뿐만 아니라 일상적인 일본어 커뮤니케이션 능력도 향상시켜 줄 것입니다.
시원스쿨일본어연구소는 언제나 학습자 입장에서 생각하고, 기초는 물론 JLPT 학습 고민을 같이 공유하여, 보다 좋은 교재를 만들도록 최선을 다하겠습니다.

여러분의 합격을 기원합니다.
시원스쿨일본어연구소

목차

N5

N4

DAY1부터 DAY6까지 하루 20개씩 암기!

2010년에서 2023년 7월까지의 기출 어휘를 분석하여 반복되는 단어를 테마별로 꼼꼼하게 정리하였습니다. 모든 예문은 26회분의 독해·청해 기출 문제에서 추출한 문장으로 단어장만으로도 독해·청해까지 커버할 수 있습니다. MP3음원을 들으면서 쉽고 빠르게 단어를 암기해 봅시다.

하루에 외운 어휘, 데일리 테스트로 점검!

외운 단어 시험장까지 가져가기 위해 그날 외운 단어는 바로 점검할 수 있도록 하였습니다. 20개 어휘 중에서도 더 중요한 어휘만을 선정해 문제를 제작하였습니다. 데일리 테스트로 셀프 점검해 봅시다.

외운 단어를 직접 써 보며 실력 체크!

DAY1부터 DAY6까지 등장했던 총 120개 단어의 읽는 법과 의미를 직접 써 보도록 구성했습니다. 완벽하게 암기가 될 때까지 실력을 체크할 수 있습니다. 합격까지 빈틈없이 준비해 봅시다.

실제 시험 유형으로 JLPT 도전!

JLPT 문자·어휘 파트에 등장하는 한자읽기, 표기, 문맥규정, 유의어, 용법까지 모든 유형의 연습문제를 수록하였습니다. 한 주 동안 배운 단어를 응용하여 실전에 철저하게 대비합시다.

반드시 알고 있어야 할 기초 문법 체크!

간단한 기초 문법도 마스터할 수 있도록 문법 활용표를 급수별로 수록해 놓았습니다. 한 눈에 쏙 들어오는 문법 활용표로 문법도 학습합시다.

특별 부록

❶ MP3 무료
다운로드

❷ 색인 PDF

❸ 나만의 JLPT
단어 시험지

위 특별 학습 부가 자료는 시원스쿨 일본어 홈페이지(japan.siwonschool.com)의 수강신청 → 교재/MP3에서 다운로드하실 수 있습니다.
(※ 회원가입 후 로그인을 하셔야 이용 가능합니다.)

학습 플랜

월	화	수	목	금	토	일
1주째 **DAY 1** 암기	1주째 **DAY 2** 암기	1주째 **DAY 3** 암기	1주째 **DAY 4** 암기	1주째 **DAY 5** 암기	1주째 **DAY 6** 암기	1주째 실력 체크 실전 JLPT 도전
2주째 **DAY 1** 암기	2주째 **DAY 2** 암기	2주째 **DAY 3** 암기	2주째 **DAY 4** 암기	2주째 **DAY 5** 암기	2주째 **DAY 6** 암기	2주째 실력 체크 실전 JLPT 도전
3주째 **DAY 1** 암기	3주째 **DAY 2** 암기	3주째 **DAY 3** 암기	3주째 **DAY 4** 암기	3주째 **DAY 5** 암기	3주째 **DAY 6** 암기	3주째 실력 체크 실전 JLPT 도전
4주째 **DAY 1** 암기	4주째 **DAY 2** 암기	4주째 **DAY 3** 암기	4주째 **DAY 4** 암기	4주째 **DAY 5** 암기	4주째 **DAY 6** 암기	4주째 실력 체크 실전 JLPT 도전

품사 일람표	
명	명사
동	동사
イ	イ형용사
ナ	ナ형용사

관련어 일람표	
⇔	반의어
⊕	추가 관련 어휘
≒	유의어

一発合格、
目指そう！

월	화	수	목	금	토	일
1주째 **DAY 1** **DAY 2** 암기	1주째 **DAY 3** **DAY 4** 암기	1주째 **DAY 5** **DAY 6** 암기	1주째 실력 체크 실전 JLPT 도전	**복습**	2주째 **DAY 1** **DAY 2** 암기	2주째 **DAY 3** **DAY 4** 암기
2주째 **DAY 5** **DAY 6** 암기	2주째 실력 체크 실전 JLPT 도전	**복습**	3주째 **DAY 1** **DAY 2** 암기	3주째 **DAY 3** **DAY 4** 암기	3주째 **DAY 5** **DAY 6** 암기	3주째 실력 체크 실전 JLPT 도전
복습	4주째 **DAY 1** **DAY 2** 암기	4주째 **DAY 3** **DAY 4** 암기	4주째 **DAY 5** **DAY 6** 암기	4주째 실력 체크 실전 JLPT 도전	**복습**	**총 복습**

월	화	수	목	금	토	일
1주째 **DAY 1** **DAY 2** **DAY 3** 암기	1주째 **DAY 4** **DAY 5** **DAY 6** 암기	1주째 실력 체크 실전 JLPT 도전	2주째 **DAY 1** **DAY 2** **DAY 3** 암기	2주째 **DAY 4** **DAY 5** **DAY 6** 암기	2주째 실력 체크 실전 JLPT 도전	**복습**
3주째 **DAY 1** **DAY 2** **DAY 3** 암기	3주째 **DAY 4** **DAY 5** **DAY 6** 암기	3주째 실력 체크 실전 JLPT 도전	4주째 **DAY 1** **DAY 2** **DAY 3** 암기	4주째 **DAY 4** **DAY 5** **DAY 6** 암기	4주째 실력 체크 실전 JLPT 도전	**총 복습**

이 책의 활용법

"JLPT는 고득점이 목표가 아니라 합격이 우선이다!"

100% 반복 출제되는 어휘만으로도 한방에 합격하는
'진짜 한 권으로 끝내는 JLPT 단어장'만의 마스터 암기 비법 공개!

1 데일리 단어 암기

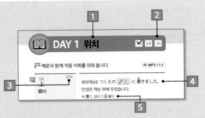

1	**테마별 단어**	쉽고 빠르게 암기할 수 있도록 비슷한 유형의 어휘를 분류해 놓았습니다.
2	**체크 박스**	3회독까지 꼭 도전해 보세요.
3	**기출 연도**	2010년~2023년까지의 기출 어휘를 표시해 두었습니다. 반복 출제되므로 꼭 확인하세요.
4	**예문**	26회분의 독해·청해 기출 문제에서 문장을 추출해 예문을 제작하였습니다.
5	**관련 어휘**	효율적 암기를 위해 표제어과 관련된 어휘를 함께 실었습니다.

2 3단계 자동 암기 테스트

STEP1 데일리 테스트
하루 10문제 2분 간단하게

STEP2 실력 체크
일주일 분 디테일하게

STEP3 실전 JLPT 도전
실전에 대비해 확실하게

진짜
한 권으로
끝내는

시원스쿨어학연구소 지음

JLPT
기출단어장

N5

ⓢ 시원스쿨닷컴

WEEK 01

1 주 째

よっし、
やってみようぜ！

DAY 1 위치

1회 2회 3회

📖 예문과 함께 적중 어휘를 외워 봅시다.

🔊 MP3 1-1-1

---

01 うえ ⑱⑲
上
명 위

めがねは つくえの ✏上 に 置きました。
안경은 책상 위에 두었습니다.
⊕ 置く (おく) 동 놓다

---

02 した ⑰
下
명 아래

いすの 下 に ねこが います。
의자 아래에 고양이가 있습니다.

---

03 ひだり ⑮㉓
左
명 왼쪽

左 に 曲がって ください。
좌회전하세요. (왼쪽으로 돌아 주세요.)
⊕ 曲がる (まがる) 동 돌다, 방향을 바꾸다

---

04 みぎ ⑭⑱⑲㉑
右
명 오른쪽

スーパーは 病院の 右 に あります。
슈퍼는 병원 오른쪽에 있습니다.

---

05 まえ ⑰
前
명 앞

リーさんの 前 に 森さんが 座って います。
이 씨 앞에 모리 씨가 앉아 있습니다.

---

06 うし
後ろ
명 뒤

この 建物の 後ろ に コンビニが あります。
이 건물 뒤에 편의점이 있습니다.

07 ひがし **東** 图동(쪽) ⑱	川の ✎東 がわに 公園が あります。 강 동쪽에 공원이 있습니다. ⊕ ~がわ ~쪽, ~방면
08 にし **西** 图서(쪽) ⑮⑲	西 の 空が 赤く なって きれいです。 서쪽 하늘이 빨갛게 물들어 예쁩니다.
09 みなみ **南** 图남(쪽)	南 図書館の 方が 本が 多いです。 남쪽 도서관 쪽이 책이 많습니다.
10 きた **北** 图북(쪽) ⑭⑰	こうばんは 駅の 北 がわに あります。 파출소는 역의 북쪽에 있습니다.
11 む **向かい** 图맞은편	家の 向かい に 病院が あって 便利です。 집 맞은편에 병원이 있어서 편리합니다. ⊕ 向こう (むこう) 图저쪽, 건너편
12 ある **歩く** 图걷다	学校まで 歩いて 30分 かかります。 학교까지 걸어서 30분 걸립니다.
13 す **住む** 图살다	ヤンさんは 1年前から 日本に 住んで います。 얀 씨는 1년 전부터 일본에서 살고 있습니다.

| 14 | そと
外 ⑪
명밖 | タクシーが ✏外 で 待っています。
택시가 밖에서 기다리고 있습니다. |

| 15 | なか
中 ⑭⑯
명안, 속 | かばんの 中 には 何も ありません。
가방 안에는 아무것도 없습니다. |

| 16 | あいだ
間 ⑯
명사이 | 銀行と コンビニの 間 に パン屋が ある。
은행과 편의점 사이에 빵집이 있다. |

| 17 | すわ
座る ㉓
동앉다 | となりに 座っても いいですか。
옆에 앉아도 될까요?
➕ となり 명옆, 이웃 |

| 18 | た
立つ ⑲㉑
동서다 | 彼は 今 げんかんに 立って います。
그는 지금 현관에 서 있습니다. |

| 19 | ちか
近い ⑲
이가깝다 | ABC病院が 私の 大学から 一番 近い
です。
ABC병원이 우리 학교에서 가장 가깝습니다.
➕ 近く (ちかく) 명근처 |

| 20 | とお
遠い
이멀다 | 彼女の 家は 会社から 遠くない です。
그녀의 집은 회사에서 멀지 않습니다. |

● 단어의 읽는 법을 고르고, 밑줄에 뜻을 써 보세요.

1 東　　　① ひがし　　② みなみ　　＿＿＿＿＿

2 上　　　① した　　　② うえ　　　＿＿＿＿＿

3 左　　　① ひだり　　② みぎ　　　＿＿＿＿＿

4 住む　　① すむ　　　② よむ　　　＿＿＿＿＿

5 外　　　① なか　　　② そと　　　＿＿＿＿＿

● 단어의 뜻을 찾아 줄을 그어 보세요.

6 近い　　　　・　　　　　・ ① 걷다

7 歩く　　　　・　　　　　・ ② 가깝다

8 向かい　　　・　　　　　・ ③ 맞은편

9 間　　　　　・　　　　　・ ④ 멀다

10 遠い　　　　・　　　　　・ ⑤ 사이

DAY 2 자연과 동물 1회 2회 3회

🚩 예문과 함께 적중 어휘를 외워 봅시다. 🔊 MP3 1-1-2

01	そら **空** ⑮⑯㉑ 몡하늘	きれいな ✏️空 ですね。 예쁜 하늘이네요. ➕ くうき 몡공기
02	うみ **海** ⑮⑯ 몡바다	やま 山より 海 の方が 好きです。 산보다 바다를 더 좋아합니다.
03	かわ **川** ⑭⑮⑯ 몡강	わたし くに 私の国は 川 が たくさん あります。 우리나라는 강이 많이 있습니다.
04	やま **山** ⑪⑬⑰ 몡산	うえ すこ さむ 山 の上は 少し 寒いです。 산 위는 조금 춥습니다.
05	き **木** 몡나무	わたし がっこう 私の 学校には 木 が たくさん あります。 우리 학교는 나무가 많이 있습니다.
06	**のぼる** ⑮ 동 (산을)오르다	まいしゅう やま そふは 毎週 山に のぼります 。 할아버지는 매주 산에 오릅니다.

07	はな 花 **명** 꽃 ⑱⑲	いっしょに 📝花 を 見に 行かない。 함께 꽃 보러 가지 않을래?
08	ひ 火 **명** 불	火 はもう 消えました。 불은 벌써 꺼졌습니다.
09	みず 水 **명** 물 ㉒	夏には 水 をたくさん 飲んで ください。 여름에는 물을 많이 마시세요.
10	さ 咲く **동** (꽃이) 피다 ㉑㉒	春に なって、花が 咲きました 。 봄이 되어 꽃이 피었습니다.
11	み 見る **동** 보다 ⑯	つかれた 時は 空を 見て ください。 지쳤을 때는 하늘을 보세요.
12	み 見える **동** 보이다	天気が よくて ふじさんが 見えます 。 날씨가 좋아서 후지산이 보입니다.
13	み 見せる **동** 보여주다	あなたに 見せたい 海が あります。 당신에게 보여주고 싶은 바다가 있습니다.

14 どうぶつ ⑱ **動物** 명 동물	妹は ✏️動物 が 大好きです。 여동생은 동물을 매우 좋아합니다.
15 いぬ ⑱ **犬** 명 개, 강아지	そぼは いつも 犬 と さんぽします。 할머니는 항상 강아지와 산책합니다.
16 ⑱ **ねこ** 명 고양이	私は 犬より ねこ の方が 好きです。 저는 강아지보다 고양이를 더 좋아합니다.
17 とり **鳥** 명 새	鳥 が 木の上で 寝て います。 새가 나무 위에서 자고 있습니다.
18 と **飛ぶ** 동 날다	鳥が 空を 飛んで います。 새가 하늘을 날고 있습니다.
19 **なく** 동 (새 등이) 울다	公園に 行ったら 虫が ないて いた。 공원에 갔더니 벌레가 울고 있었다.
20 し **死ぬ** 동 죽다	2年前、ペットの「シロ」が 死んだ 。 2년 전에 애완동물인 '시로'가 죽었다.

• 단어의 읽는 법을 고르고, 밑줄에 뜻을 써 보세요.

1 木	① はな	② き	_____
2 海	① やま	② うみ	_____
3 空	① そら	② みず	_____
4 川	① かわ	② よむ	_____
5 花	① そら	② はな	_____

• 단어의 뜻을 찾아 줄을 그어 보세요.

6 のぼる   •   • ① (새 등이) 울다

7 飛ぶ   •   • ② (산을) 오르다

8 見せる   •   • ③ (꽃이) 피다

9 なく   •   • ④ 보여주다

10 咲く   •   • ⑤ 날다

DAY2
데일리 테스트
정답

1 ② 나무 **2** ② 바다 **3** ① 하늘 **4** ① 강 **5** ② 꽃
6 ② **7** ⑤ **8** ④ **9** ① **10** ③

📖 **DAY 3 날씨**   1회 2회 3회

🚩 예문과 함께 적중 어휘를 외워 봅시다.   🔊 MP3 1-1-3

---

01 てんき ⑮⑲
天気
명날씨

✏️天気 が いいから さんぽしましょう。
날씨가 좋으니까 산책합시다.

---

02 あめ ⑯⑱
雨
명비

朝から 雨 が 降って います。
아침부터 비가 내리고 있습니다.

---

03 ゆき
雪
명눈

雪 で 電車が とまりました。
눈으로 전철이 멈췄습니다.

---

04 かぜ ⑪
風
명바람

強い 風 が ふいて います。
강한 바람이 불고 있습니다.

---

05 くも
雲
명구름

ひこうきが 雲 の 上を 飛んで います。
비행기가 구름 위를 날고 있습니다.

---

06 ふ
降る
동내리다

秋に 降る 雨は つめたいです。
가을에 내리는 비는 차갑습니다.

---

07 はる **春** 명봄	✏️ 春 に なると ねむく なる。 봄이 되면 졸음이 온다. ⊕ きせつ 명계절
08 なつ **夏** 명여름	夏 は くだものが おいしい。 여름은 과일이 맛있다.
09 あき **秋** 명가을	秋 は 9月から 11月を いう。 가을은 9월부터 11월을 말한다.
10 ふゆ **冬** 명겨울	きょねん 去年の 冬 は 雪が 降りませんでした。 작년 겨울은 눈이 내리지 않았습니다.
11 ふく **ふく** ⑯ 동(바람이) 불다	かぜ 風が ふく と おでんが 食べたく なる。 바람이 불면 어묵이 먹고 싶어진다.
12 あか **明るい** ㉑ 이밝다	なつ ゆうがた 夏は 夕方に なっても 明るい 。 여름은 저녁이 되어도 밝다.
13 くら **暗い** ⑯ N4 ㉒ 이어둡다	この へやは 暗い ですね。 이 방은 어둡군요.

14	かさ **명** 우산	学校に かさ を 忘れました。 학교에 우산을 깜빡 두고 왔습니다. ＋ かさを さす 우산을 쓰다

15	くもり **명** 흐림	明日の 天気は くもり です。 내일 날씨는 흐립니다.

16	はれる ㉓ **동** 맑다, 개다	今日は 午後から はれる でしょう。 오늘은 오후부터 맑겠습니다.

17	あたたかい **イ** 따뜻하다	冬なのに 今日は あたたかい です。 겨울인데 오늘은 따뜻합니다.

18	暑い **イ** 덥다	今年の 夏は 去年より 暑かった。 올해 여름은 작년보다 더웠다.

19	すずしい **イ** 서늘하다, 선선하다	すずしい 風が ふくと きもちが いいです。 서늘한 바람이 불면 기분이 좋습니다.

20	寒い ⑰ N4 ㉒ **イ** 춥다	雪が 降って いますから、そとは 寒い です。 눈이 내리고 있어서 밖은 춥습니다.

● 단어의 읽는 법을 고르고, 밑줄에 뜻을 써 보세요.

1 天気　　　① でんき　　② てんき　　＿＿＿＿＿

2 雪　　　　① あめ　　　② ゆき　　　＿＿＿＿＿

3 夏　　　　① なつ　　　② あき　　　＿＿＿＿＿

4 寒い　　　① さむい　　② あつい　　＿＿＿＿＿

5 暗い　　　① くらい　　② くろい　　＿＿＿＿＿

● 단어의 뜻을 찾아 줄을 그어 보세요.

6 ふく　　　・　　　　　・　① 맑다, 개다

7 すずしい　・　　　　　・　② (바람이) 불다

8 はれる　　・　　　　　・　③ 흐림

9 あたたかい・　　　　　・　④ 서늘하다, 선선하다

10 くもり　　・　　　　　・　⑤ 따뜻하다

DAY3
데일리 테스트
정답

1 ② 날씨　**2** ② 눈　**3** ① 여름　**4** ① 춥다　**5** ① 어둡다
6 ②　**7** ④　**8** ①　**9** ⑤　**10** ③

20　N5

DAY 4 시간

1회 2회 3회

🏴 예문과 함께 적중 어휘를 외워 봅시다.　　🔊 MP3 1-1-4

01 ⑰ あさ **朝** 명 아침	明日の ✏️朝 は じゅぎょうが あります。 내일 아침에는 수업이 있습니다.
02 ひる **昼** 명 점심, 낮	今日の 昼 、さくらを 見に 行きませんか。 오늘 낮에 벚꽃을 보러 가지 않겠습니까?
03 よる **夜** 명 밤	いつも 夜 遅くまで しごとを します。 항상 밤 늦게까지 일을 합니다.
04 こんばん **今晩** 명 오늘 저녁	今晩 友だちと 映画を 見に 行きます。 오늘 저녁 친구와 영화를 보러 갑니다. ➕ 夕べ (ゆうべ) 명 어제저녁
05 お **起きる** 동 일어나다	私は 毎朝 6時ごろ 起きます 。 저는 매일 아침 6시쯤 일어납니다.
06 ね **寝る** 동 자다	一日に 8時間は 寝て ください。 하루에 8시간은 주무세요.

07 まいにち ⑰ **毎日** 명매일	✏️ **毎日** あるいて 学校へ 行きます。 매일 걸어서 학교에 갑니다.
08 まいしゅう ⑲㉑ **毎週** 명매주	**毎週** 日曜日には マラソンを して います。 매주 일요일에는 마라톤을 하고 있습니다.
09 まいあさ ⑱ **毎朝** 명매일 아침	おじいさんは **毎朝** 6時に 起きます。 할아버지는 매일 아침 6시에 일어납니다. ⇔ 毎晩 (まいばん) 명매일 저녁
10 けさ ⑰ **今朝** 명오늘 아침	**今朝** は 何も 食べませんでした。 오늘 아침은 아무것도 먹지 않았습니다. ⇔ 今晩 (こんばん) 명오늘 밤
11 あと ⑪ **後** 명나중, 다음, ~후	毎日 朝ご飯の **後** で そうじを して います。 매일 아침 식사 후에 청소를 하고 있습니다.
12 ⑲㉑ **いそがしい** イ바쁘다	月曜日は 仕事が とても **いそがしい** です。 월요일은 일이 매우 바쁩니다.
13 ⑲ **ひまだ** ナ한가하다	私は **ひまな** 時、ケーキを 作ります。 저는 한가할 때, 케이크를 만듭니다.

14
ご ぜん
午前
명 오전

銀行は ✎午前 10時から 午後 5時までです。

은행은 오전 10시부터 오후 5시까지입니다.

15
ご ご
午後 ⑱⑲㉒
명 오후

明日の 午後 は じゅぎょうが ありません。

내일 오후에는 수업이 없습니다.

16
おそ
遅い
い 늦다

昨日、 遅い 時間まで 勉強して ちょっと

つかれました。

어제 늦은 시간까지 공부해서 좀 피곤합니다.

17
はや
早い
い 이르다, 빠르다

早い 時間に 寝ると 体に いいです。

이른 시간에 자면 몸에 좋습니다.

18
おお
多い ⑪⑭⑱⑲㉓
い 많다

今年は 雨の 日が 多い でしょう。

올해는 비가 내리는 날이 많을 것입니다.

19
すく
少ない ⑰㉑㉒
い 적다

私たちは 話す 時間が 少ない 。

우리들은 이야기할 시간이 적다.

20
だいじょう ぶ
大丈夫だ
な 괜찮다

明日は 昼と 夜と どちらも 大丈夫です 。

내일은 점심과 저녁 어느 쪽도 괜찮습니다.

DAY 4 데일리 테스트

● 단어의 읽는 법을 고르고, 밑줄에 뜻을 써 보세요.

1 毎日　　　① まいにち　　②まいあさ　　_____

2 多い　　　① おおい　　　② おおきい　　_____

3 午後　　　① ごぜん　　　② ごご　　　　_____

4 起きる　　① おきる　　　② いきる　　　_____

5 少ない　　① ちいさない　② すくない　　_____

● 단어의 뜻을 찾아 줄을 그어 보세요.

6 いそがしい　・ 　　　　　・ ① 괜찮다

7 大丈夫だ　　・ 　　　　　・ ② 한가하다

8 ひまだ　　　・ 　　　　　・ ③ 이르다, 빠르다

9 早い　　　　・ 　　　　　・ ④ 늦다

10 遅い　　　　・ 　　　　　・ ⑤ 바쁘다

DAY4
데일리 테스트
정답

1① 매일　**2**① 많다　**3**② 오후　**4**① 일어나다　**5**② 적다
6⑤　**7**①　**8**②　**9**③　**10**④

📌 예문과 함께 적중 어휘를 외워 봅시다.   🔊 MP3 1-1-5

---

01 がっこう ⑪⑮⑯⑰
学校
명 학교

とも
友だちと いっしょに 🖊学校 に 行きます。
친구와 함께 학교에 갑니다.

---

02 がくせい
学生
명 학생

学生 の 時、コンビニで アルバイトを
した ことが あります。
학생 때 편의점에서 아르바이트를 한 적이 있습니다.
➕ せいと (生徒) 명 (중·고등) 학생

---

03 せんせい ⑲㉑
先生
명 선생님

わ   とき
分からない 時は 先生 に しつもん
しましょう。
모를 때는 선생님에게 질문합시다.

---

04 ⑭
つくえ
명 책상

つくえ と いすを ならべて ください。
책상과 의자를 일렬로 나란히 해 주세요.

---

05 ⑭
いす
명 의자

まえ   さくぶん
こくばんの 前の いす に 座って 作文を
よ
読みましょう。
칠판 앞 의자에 앉아서 작문을 읽읍시다.

---

06 おし ⑱⑲
教える
동 가르치다

か し   やましたせんせい
お菓子の クラスは 山下先生が 教えます 。
과자 클래스는 야마시타 선생님이 가르칩니다.

---

07 しょうがっこう
小学校
图 초등학교

_{わたし} _{あね}
私 の 姉は ✏小学校 の 先生です。

저의 언니는 초등학교 선생님입니다.

➕ 中学校 (ちゅうがっこう) 图 중학교

08 こうこう
高校
图 고등학교

高校 の 入学の プレゼントで 時計を

もらいました。

고등학교 입학 선물로 시계를 받았습니다.

09 だいがく
大学
图 대학교

さくら 大学 は 遠いですから タクシーが

便利です。

사쿠라대학교는 멀어서 택시가 편리합니다.

➕ 大学生 (だいがくせい) 图 대학생

10 にゅうがく
入学する
图 입학 하다

だいがく
大学 入学 おめでとうございます。

대학 입학 축하합니다.

11
そつぎょうする
图 졸업하다

_{わたし}
私 は そつぎょう したら 先生に なりたい。

나는 졸업하면 선생님이 되고 싶다.

12
りゅうがくする
图 유학 하다

らいねん
来年 アメリカの 大学に りゅうがく します。

내년에 미국에 있는 대학으로 유학갑니다.

➕ りゅうがくせい 图 유학생

13
うける
图 (시험을) 치르다

あした かんじ
明日、漢字の テストを うけます 。

내일 한자 테스트를 칩니다(봅니다).

| 14 | とょしかん ⑲
図書館
명 도서관 | 昨日は 駅の そばの ✏図書館 へ 行きました。
어제는 역 옆에 있는 도서관에 갔습니다. |

| 15 | きょうしつ
教室
명 교실 | 先生は 教室 で 学生と 話して います。
선생님은 교실에서 학생과 이야기하고 있습니다. |

| 16 | **えんぴつ**
명 연필 | えんぴつ で 書いて ください。
연필로 쓰세요.
➕ けしゴム 명 지우개 |

| 17 | ⑯
かす
동 빌려주다 | すみませんが、ちょっと ペンを かして
ください。
미안한데요, 펜을 좀 빌려주세요. |

| 18 | ⑲
かりる
동 빌리다 | クラスで 使う 本を 先生に かりました 。
수업에서 사용할 책을 선생님께 빌렸습니다. |

| 19 | **かえす**
동 돌려주다,
반납하다 | 先週 かりた ノートを かえしました 。
지난주에 빌린 노트를 돌려줬습니다. |

| 20 | ⑱
うるさい
イ 시끄럽다 | 休みの 時間は いつも うるさい 。
쉬는 시간은 항상 시끄럽다. |

● 단어의 읽는 법을 고르고, 밑줄에 뜻을 써 보세요.

1 図書館　　① としょかん　　② とうしょかん　＿＿＿＿＿＿

2 学校　　① がくこう　　② がっこう　＿＿＿＿＿＿

3 入学　　① にゅうがく　　② りゅうがく　＿＿＿＿＿＿

4 先生　　① せんせい　　② せんせ　＿＿＿＿＿＿

5 教える　　① おしえる　　② かんがえる　＿＿＿＿＿＿

● 단어의 뜻을 찾아 줄을 그어 보세요.

6 かす　　　　・　　　　　・　① 빌리다

7 うるさい　　・　　　　　・　② 졸업

8 かりる　　　・　　　　　・　③ 빌려주다

9 そつぎょう　・　　　　　・　④ 돌려주다, 반납하다

10 かえす　　　・　　　　　・　⑤ 시끄럽다

DAY 6 공부

1회 2회 3회

🚩 예문과 함께 적중 어휘를 외워 봅시다.

🔊 MP3 1-1-6

01 **べんきょうする** 명 공부하다	私は 毎日 3時間ぐらい ✏べんきょう を します。 저는 매일 3시간 정도 공부를 합니다.
02 **じゅぎょうする** 명 수업하다	じゅぎょう は 5時 30分に 終わります。 수업은 5시 30분에 끝납니다.
03 **しゅくだいする** ⑲ 명 숙제하다	しゅくだい は 来週までに 出して ください。 숙제는 다음 주까지 제출해 주세요.
04 **じしょ** ⑱ 명 사전	この ことばを 知らなかったから、じしょ を 使いました。 이 말을 몰라서 사전을 사용했습니다.
05 **忘れる** ⑮⑰ 동 잊다, 잊고 오다	学校に かさを 忘れました 。 학교에 우산을 (깜빡) 잊고 왔습니다.
06 **ならう** ⑱⑲ 동 배우다	母は ダンスを ならって います。 엄마는 댄스를 배우고 있습니다.

1주째 **29**

07 ⁽¹⁶⁾
しつもんする
명 질문하다

絵を 見ながら、 🖉しつもん を 聞いて
ください。
그림을 보면서 질문을 들으세요.

08
意味する
명 의미하다

分からない ことばの 意味 を 先生に 聞き
ました。
모르는 말의 의미를 선생님께 물어보았습니다.

---

09 ⁽²²⁾
聞く
동 듣다, 묻다

音楽を 聞きながら 勉強して います。
음악을 들으면서 공부하고 있습니다.
➕ 聞こえる (きこえる) **동** 들리다

---

10 ⁽¹⁴⁾⁽²²⁾
書く
동 쓰다

えんぴつじゃなくて ぺんで 書いて
ください。
연필이 아니라 펜으로 써 주세요.

---

11 ⁽¹¹⁾⁽¹⁴⁾⁽¹⁶⁾
言う
동 말하다

もういちど ゆっくり 言って ください。
한 번 더 천천히 말해 주세요.

12
読む
동 읽다

私には 本を 読む 時間が ない。
나에게는 책을 읽을 시간이 없다.

13
答える
동 대답하다

しつもんに 答えて ください。
질문에 답하세요.

14 えいご
英語 ⑱⑲㉒
명 영어

いもうと
妹は 🖊英語 の べんきょうで いそがしい。
여동생은 영어 공부로 바쁘다.

15 かいわ
会話する
명 회화 하다

わたし
私は 会話 の じゅぎょうが 一番 たのしい
です。
저는 회화 수업이 가장 즐겁습니다.

16 かんじ
漢字 ⑪
명 한자

まいにち
毎日 漢字 を おぼえて います。
매일 한자를 외우고 있습니다.

17 さくぶん
作文する
명 작문 하다

すずきさんに 作文 を ならいました。
스즈키 씨에게 작문을 배웠습니다.

18 むずかしい ⑪
イ 어렵다

かんじ
漢字の べんきょうは むずかしい です。
한자 공부는 어렵습니다.

19 やさしい ⑪⑯
イ 쉽다

この ダンスは やさしい です。
이 댄스는 쉽습니다.
⊕ かんたんだ ⑪ ナ 간단하다

20 まじめだ
ナ 성실하다

かれ
彼は いつも まじめに べんきょうして いる。
그는 항상 성실하게 공부하고 있다.

- 단어의 읽는 법을 고르고, 밑줄에 뜻을 써 보세요.

  1 忘れる   ① わすれる   ② われる   _____

  2 読む   ① かむ   ② よむ   _____

  3 漢字   ① かんじ   ② かじ   _____

  4 英語   ① えいご   ② えご   _____

  5 聞く   ① かく   ② きく   _____

- 단어의 뜻을 찾아 줄을 그어 보세요.

  6 しゅくだい ・   ・ ① 어렵다

  7 むずかしい ・   ・ ② 배우다

  8 まじめだ ・   ・ ③ 숙제

  9 やさしい ・   ・ ④ 쉽다

  10 ならう ・   ・ ⑤ 성실하다

DAY6
데일리 테스트
정답
   1 ① 잊다, 잊고 오다   **2** ② 읽다   **3** ① 한자   **4** ① 영어   **5** ② 듣다, 묻다
   6 ③   **7** ①   **8** ⑤   **9** ④   **10** ②

실력 체크

한 주 동안 외운 단어를
점검해 봅시다!

✏️ 단어의 읽는 법과 의미를 써 봅시다.   🔊 MP3 1-1-1

단 어		단 어	
□ 上	읽는법 의 미	□ 向かい	읽는법 의 미
□ 下	읽는법 의 미	□ 歩く	읽는법 의 미
□ 左	읽는법 의 미	□ 住む	읽는법 의 미
□ 右	읽는법 의 미	□ 外	읽는법 의 미
□ 前	읽는법 의 미	□ 中	읽는법 의 미
□ 後ろ	읽는법 의 미	□ 間	읽는법 의 미
□ 東	읽는법 의 미	□ 座る	읽는법 의 미
□ 西	읽는법 의 미	□ 立つ	읽는법 의 미
□ 南	읽는법 의 미	□ 近い	읽는법 의 미
□ 北	읽는법 의 미	□ 遠い	읽는법 의 미

✏️ 단어의 읽는 법과 의미를 써 봅시다.　🔊 MP3 1-1-2

단 어			단 어		
□ 空	읽는법		□ 見る	읽는법	
	의 미			의 미	
□ 海	읽는법		□ 見える	읽는법	
	의 미			의 미	
□ 川	읽는법		□ 見せる	읽는법	
	의 미			의 미	
□ 山	읽는법		□ 動物	읽는법	
	의 미			의 미	
□ 木	읽는법		□ 犬	읽는법	
	의 미			의 미	
□ のぼる	읽는법		□ ねこ	읽는법	
	의 미			의 미	
□ 花	읽는법		□ 鳥	읽는법	
	의 미			의 미	
□ 火	읽는법		□ 飛ぶ	읽는법	
	의 미			의 미	
□ 水	읽는법		□ なく	읽는법	
	의 미			의 미	
□ 咲く	읽는법		□ 死ぬ	읽는법	
	의 미			의 미	

✏️ 단어의 **읽는 법**과 **의미**를 써 봅시다.   🔊 MP3 1-1-3

단 어			단 어		
☐ 天気	읽는법		☐ ふく	읽는법	
	의 미			의 미	
☐ 雨	읽는법		☐ 明るい	읽는법	
	의 미			의 미	
☐ 雪	읽는법		☐ 暗い	읽는법	
	의 미			의 미	
☐ 風	읽는법		☐ かさ	읽는법	
	의 미			의 미	
☐ 雲	읽는법		☐ くもり	읽는법	
	의 미			의 미	
☐ 降る	읽는법		☐ はれる	읽는법	
	의 미			의 미	
☐ 春	읽는법		☐ あたたかい	읽는법	
	의 미			의 미	
☐ 夏	읽는법		☐ 暑い	읽는법	
	의 미			의 미	
☐ 秋	읽는법		☐ すずしい	읽는법	
	의 미			의 미	
☐ 冬	읽는법		☐ 寒い	읽는법	
	의 미			의 미	

✏️ 단어의 읽는 법과 의미를 써 봅시다.   🔊 MP3 1-1-4

단 어		단 어	
☐ 朝	읽는법 의 미	☐ 後	읽는법 의 미
☐ 昼	읽는법 의 미	☐ いそがしい	읽는법 의 미
☐ 夜	읽는법 의 미	☐ ひまだ	읽는법 의 미
☐ 今晩	읽는법 의 미	☐ 午前	읽는법 의 미
☐ 起きる	읽는법 의 미	☐ 午後	읽는법 의 미
☐ 寝る	읽는법 의 미	☐ 遅い	읽는법 의 미
☐ 毎日	읽는법 의 미	☐ 早い	읽는법 의 미
☐ 毎週	읽는법 의 미	☐ 多い	읽는법 의 미
☐ 毎朝	읽는법 의 미	☐ 少ない	읽는법 의 미
☐ 今朝	읽는법 의 미	☐ 大丈夫だ	읽는법 의 미

단어의 **읽는 법**과 **의미**를 써 봅시다.   🔊 MP3 1-1-5

단 어		단 어	
□ 学校	읽는법 / 의 미	□ そつぎょう	읽는법 / 의 미
□ 学生	읽는법 / 의 미	□ りゅうがく	읽는법 / 의 미
□ 先生	읽는법 / 의 미	□ うける	읽는법 / 의 미
□ つくえ	읽는법 / 의 미	□ 図書館	읽는법 / 의 미
□ いす	읽는법 / 의 미	□ 教室	읽는법 / 의 미
□ 教える	읽는법 / 의 미	□ えんぴつ	읽는법 / 의 미
□ 小学校	읽는법 / 의 미	□ かす	읽는법 / 의 미
□ 高校	읽는법 / 의 미	□ かりる	읽는법 / 의 미
□ 大学	읽는법 / 의 미	□ かえす	읽는법 / 의 미
□ 入学	읽는법 / 의 미	□ うるさい	읽는법 / 의 미

🖊 단어의 읽는 법과 의미를 써 봅시다.   🔊 MP3 1-1-6

단 어		단 어	
□ べんきょう	읽는법 의 미	□ 言う	읽는법 의 미
□ じゅぎょう	읽는법 의 미	□ 読む	읽는법 의 미
□ しゅくだい	읽는법 의 미	□ 答える	읽는법 의 미
□ じしょ	읽는법 의 미	□ 英語	읽는법 의 미
□ 忘れる	읽는법 의 미	□ 会話	읽는법 의 미
□ ならう	읽는법 의 미	□ 漢字	읽는법 의 미
□ しつもん	읽는법 의 미	□ 作文	읽는법 의 미
□ 意味	읽는법 의 미	□ むずかしい	읽는법 의 미
□ 聞く	읽는법 의 미	□ やさしい	읽는법 의 미
□ 書く	읽는법 의 미	□ まじめだ	읽는법 의 미

문제1 _____의 단어는 히라가나로 어떻게 씁니까? 1·2·3·4 중 가장 알맞은 것을 하나 고르세요.

1 めがねは　つくえの　<u>上</u>に　あります。 안경은 책상 위에 있습니다.

　　1　うえ　　　　2　した　　　　3　となり　　4　よこ

2 <u>毎日</u>　てがみを　かきます。 매일 편지를 씁니다.

　　1　まいつき　　2　めいにち　　3　まいにち　4　めいつき

3 さとうさんは　にもつが　<u>少ない</u>です。 사토 씨는 짐이 적습니다.

　　1　すこない　　2　すくない　　3　すかない　4　すけない

문제2 _____의 단어는 어떻게 씁니까? 1·2·3·4에서 가장 알맞은 것을 하나 고르세요.

4 らいしゅうは　テストが　<u>おおい</u>ですね。

다음 주에는 테스트가 많네요.

　　1　名い　　　　2　大い　　　　3　多い　　　　4　太い

5 スーパーは　びょういんの　<u>みぎ</u>に　あります。

슈퍼는 병원 오른쪽에 있습니다.

　　1　右　　　　　2　左　　　　　3　存　　　　　4　在

6 この　しゃしんを　<u>みて</u>　ください。 이 사진을 보세요.

　　1　見て　　　　2　買て　　　　3　貝て　　　　4　目て

( )에 무엇을 넣습니까? 1·2·3·4에서 가장 알맞은 것을 하나 고르세요.

7 あさから （　　　　）が　ふって　います。

아침부터 비가 내리고 있습니다.

1　くもり　　　2　てんき　　　3　はれ　　　4　あめ

8 がっこうに　かさを（　　　　）。

학교에 우산을 (깜빡) 두고 왔습니다.

1　つかれました	2　こまりました
3　わすれました	4　まちがえました

＿＿의 문장과 대체로 같은 의미의 문장이 있습니다. 1·2·3·4에서 가장 알맞은 것을 하나 고르세요.

9 <u>むこうの　へやは　うるさいです。</u> 건너편 방은 시끄럽습니다.

1　むこうの　へやは　すずしく　ありません。

2　むこうの　へやは　しずかじゃ　ありません。

3　むこうの　へやは　ひろく　ありません。

4　むこうの　へやは　きらいじゃ　ありません。

실전 JLPT 도전 정답

1 1　**2** 3　**3** 2　**4** 3　**5** 1　**6** 1　**7** 4　**8** 3　**9** 2

2 주째

めんどくせー。
今週はパス！

DAY 1 휴일

1회 2회 3회

📖 예문과 함께 적중 어휘를 외워 봅시다.　　🔊 MP3 1-2-1

01
やす
休み ⑲
🇳 휴일, 방학

<ruby>水曜日<rt>すいようび</rt></ruby>は <ruby>病院<rt>びょういん</rt></ruby>が 🖊休み です。
수요일은 병원이 휴일입니다.

02
なつやす
夏休み
🇳 여름휴가,
　여름방학

夏休み は <ruby>毎日<rt>まいにち</rt></ruby> プールで <ruby>泳<rt>およ</rt></ruby>ぐ つもりです。
여름휴가에는 매일 수영장에서 수영할 생각입니다.

03
ふゆやす
冬休み
🇳 겨울휴가,
　겨울방학

冬休み には おんせんに <ruby>行<rt>い</rt></ruby>って きました。
겨울 방학에는 온천에 다녀왔습니다.

04
ひるやす
昼休み
🇳 점심시간

昼休み は 12<ruby>時<rt>じ</rt></ruby>から 1<ruby>時間<rt>じかん</rt></ruby>です。
점심시간은 12시부터 1시간입니다.

05
やす
休む ⑰⑱㉒
🇻 쉬다

<ruby>今日<rt>きょう</rt></ruby>は <ruby>家<rt>いえ</rt></ruby>で <ruby>映画<rt>えいが</rt></ruby>を <ruby>見<rt>み</rt></ruby>ながら ゆっくり
休みます 。
오늘은 집에서 영화보면서 느긋하게 쉴 겁니다.

06
たの
楽しい
🇦 즐겁다

<ruby>休<rt>やす</rt></ruby>むのは いつも 楽しい です。
쉬는 것은 언제나 즐겁습니다.

---

07 しんぶん **新聞** (16)(17)(22)(23) 图 신문	ちち まいにち 父は 毎日 🖉新聞 を 読みます。 아버지는 매일 신문을 읽습니다.
08 ほん **本** 图 책	きむら とき 木村さんは ひまな 時、 本 を 読みます。 기무라 씨는 한가할 때 책을 읽습니다.
09 がいこく **外国** (14)(15)(17) 图 외국	りょうしん す 両親は 外国 に 住んでいます。 부모님은 외국에 살고 있습니다.
10 お **終わる** ⑤ 끝나다	なが やす 長い 休みが 終わりました 。 긴 휴가가 끝났습니다.
11 **おもしろい** ⑪ ❹ 재밌다	やす とき ほん 休みの 時、 おもしろい 本を たくさん よ 読みました。 휴가 때 재밌는 책을 많이 읽었습니다.
12 **つまらない** ⑪(16)(17) ❹ 재미없다	きのう み えいが 昨日 見た 映画は つまらなかった です。 어제 본 영화는 재미없었습니다.
13 おな **同じだ** ⑪(13) ➍ 같다	とも い 友だちと デパートへ 行って、 同じ 服を か 買った。 친구와 백화점에 가서 같은 옷을 샀다. ➕ 同じだ가 명사를 꾸밀 때 주의사항! 　同じだ+명사=同じ꒰명사

44 N5

14	まいつき **毎月** **명**매달	✎**毎月** 一度 映画を 見に 行きます。 매달 한 번 영화를 보러 갑니다. ➕ 毎年 (まいとし) **명**매년
15	**しゃしん** **명**사진	これは 両親の　しゃしん　です。 이것은 부모님 사진입니다.
16	**とる** **동**(사진을) 찍다	ここで しゃしんを　とりましょう　。 여기에서 사진을 찍읍시다.
17	**あそぶ** **동**놀다	私は 子どもの 時、川で よく　あそびました　。 저는 어렸을 때 강에서 자주 놀았습니다.
18	はな **話す** ㉑ **동**이야기하다	コーヒーでも 飲みながら　話しましょう　。 커피라도 마시면서 이야기합시다.
19	なが **長い** ㉑ **い**길다	家に いる 時間が　長く　なりました。 집에 있는 시간이 길어졌습니다.
20	みじか **短い** **い**짧다	私は　短い　映画より 長い 映画が 好きです。 저는 짧은 영화보다 긴 영화를 좋아합니다.

DAY 1 데일리 테스트

- 단어의 읽는 법을 고르고, 밑줄에 뜻을 써 보세요.

  1 新聞　　　① しんぶん　　② しんかん　　_____

  2 長い　　　① みじかい　　② ながい　　_____

  3 休む　　　① やすむ　　　② すむ　　_____

  4 楽しい　　① たのしい　　② したしい　　_____

  5 外国　　　① がいこく　　② かいごく　　_____

- 단어의 뜻을 찾아 줄을 그어 보세요.

  6 つまらない　　・　　　　　・　① 재미없다

  7 終わる　　　・　　　　　・② 놀다

  8 あそぶ　　　・　　　　　・③ 끝나다

  9 短い　　　　・　　　　　・④ 짧다

  10 同じだ　　　・　　　　　・⑤ 같다

📖 예문과 함께 적중 어휘를 외워 봅시다. 🔊 MP3 1-2-2

01 ⑱ ばしょ **場所** 몡장소	やくそくの ✏️場所 と 時間を 教えて くだ さい。 약속 장소와 시간을 알려 주세요.
02 ⑭⑱ みせ **店** 몡가게	今 店 が 開くのを 待って います。 지금 가게가 열리기를 기다리고 있습니다.
03 ⑬ ち ず **地図** 몡지도	駅までの 地図 を かいて ください。 역까지의 지도를 그려 주세요.
04 ⑰ **ところ** 몡곳	だいどころは 料理を する ところ です。 부엌은 요리를 하는 곳입니다.
05 ⑪⑰㉑㉒ あ **会う** 동만나다	食堂で 山田さんと 会いました 。 식당에서 야마다 씨와 만났습니다.
06 ゆうめい **有名だ** ナ유명하다	この まちは 有名な レストランが 多いで す。 이 마을은 유명한 레스토랑이 많습니다.

2주째 **47**

07 みち 道 ㉒ **명**길	南大学に 行きたいですが ✏道 が 分かり ません。 미나미대학교에 가고 싶은데 길을 모르겠습니다.
08 えき 駅 **명**역	私の 会社は 駅 から とおいです。 우리 회사는 역에서 멉니다.
09 まち **명**도시, 읍, 동네	英語の 先生と 同じ まち に 住んで います。 영어 선생님과 같은 동네에 살고 있습니다.
10 じゅうしょ 住所 **명**주소	なまえと 住所 を 書いて ください。 이름과 주소를 써 주세요.
11 あたら 新しい **イ**새롭다	駅の 前に 新しい スーパーが できました。 역 앞에 새로운 슈퍼가 생겼습니다.
12 ふる 古い ⑱⑲ **イ**오래되다	ローマは 古い まちです。 로마는 오래된 도시입니다.
13 べんり 便利だ ⑯ **ナ**편리하다	東京大学は 電車より バスが 便利です 。 도쿄대학교는 전철보다 버스가 편리합니다.

14

たてもの
명 건물

この ✎たてもの でしゃしんをとっても
いいですか。
이 건물에서 사진을 찍어도 됩니까?

⇒ ビル ⑯ 명 빌딩

15

しょくどう
食堂
명 식당

はやしさんは 食堂 で 休んでいます。
하야시 씨는 식당에서 쉬고 있습니다.

16

せき
명 자리, 좌석

わたし
私の せき は ドアの 近くです。
저의 자리는 문 근처입니다.

---

17   ⑰㉒

たか
高い
イ 높다, 비싸다

これは 日本で いちばん 高い たてものです。
이것은 일본에서 가장 높은 건물입니다.

18

ひくい
イ 낮다

ホテルの 後ろに ある ひくい たてものが
おんせんです。
호텔 뒤에 있는 낮은 건물이 온천입니다.

19

ひろ
広い
イ 넓다

きょう
今日は 広い きょうしつで じゅぎょうを
します。
오늘은 넓은 교실에서 수업을 하겠습니다.

---

20   N4㉑

せまい
イ 좁다

この ホテルは へやが せまい です。
이 호텔은 방이 좁습니다.

• 단어의 읽는 법을 고르고, 밑줄에 뜻을 써 보세요.

1 有名だ   ① ゆめいだ   ② ゆうめいだ   _____

2 場所   ① ばしょ   ② ばしょう   _____

3 古い   ① ひくい   ② ふるい   _____

4 会う   ① あう   ② かう   _____

5 高い   ① たかい   ② ひろい   _____

• 단어의 뜻을 찾아 줄을 그어 보세요.

6 せまい   ・   ・ ① 주소

7 せき   ・   ・ ② 지도

8 ひくい   ・   ・ ③ 낮다

9 地図(ち ず)   ・   ・ ④ 좁다

10 住所(じゅうしょ)   ・   ・ ⑤ 자리, 좌석

DAY2
데일리 테스트
정답 | **1** ② 유명하다   **2** ① 장소   **3** ② 오래되다   **4** ① 만나다   **5** ① 높다, 비싸다
               6 ④   **7** ⑤   **8** ③   **9** ②   **10** ①

🚩 예문과 함께 적중 어휘를 외워 봅시다. 🔊 MP3 1-2-3

01
薬屋
명 약국

🖊 薬屋 は この 道を まっすぐ 行くと 右に
あります。
약국은 이 길을 곧장 가면 오른쪽에 있습니다.

02
こうばん
명 파출소

向こうの こうばん で 聞いて ください。
건너편 파출소에서 물어보세요.

03
やおや
명 채소가게

その やおや は 客に とても しんせつです。
그 채소가게는 손님에게 매우 친절합니다.

04
くうこう
명 공항

今、 くうこう に つきました。
지금 공항에 도착했습니다.

05
つく
동 도착하다

6時ごろには 駅に つく と 思います。
6시쯤에는 역에 도착할 거라고 생각합니다.

06
しずかだ ⑱
ナ 조용하다

もりは とても しずかでした 。
숲은 매우 조용했습니다.
🔁 にぎやかだ ナ 번화하다, 활기차다

---

07 ⑭⑱

ゆうびんきょく
명우체국

<ruby>私<rt>わたし</rt></ruby> の <ruby>父<rt>ちち</rt></ruby> は ✏ゆうびんきょく で <ruby>働<rt>はたら</rt></ruby>いて います。

저의 아빠는 우체국에서 일하고 있습니다.

---

08 ⑭⑱

きって
명우표

きって は コンビニでは <ruby>売<rt>う</rt></ruby>って いません。

우표는 편의점에서는 팔지 않습니다.

---

09 ⑲

<ruby>手紙<rt>て がみ</rt></ruby>
명편지

<ruby>手紙<rt>て がみ</rt></ruby> を <ruby>出<rt>だ</rt></ruby>しに <ruby>行<rt>い</rt></ruby>って きます。

편지를 부치러 다녀오겠습니다.

➕ ふうとう **명**봉투

---

10 ⑭⑱

はがき
명엽서

<ruby>私<rt>わたし</rt></ruby> は <ruby>友<rt>とも</rt></ruby>だちに はがき を <ruby>書<rt>か</rt></ruby>きました。

저는 친구들에게 엽서를 썼습니다.

11

<ruby>送<rt>おく</rt></ruby>る
동보내다

この にもつを <ruby>韓国<rt>かんこく</rt></ruby>に <ruby>送<rt>おく</rt></ruby>りたい ですが…。

이 짐을 한국에 보내고 싶은데요.

---

12 N4 ㉒

<ruby>重<rt>おも</rt></ruby>い
イ무겁다

にもつが <ruby>重<rt>おも</rt></ruby>くて <ruby>二人<rt>ふたり</rt></ruby>で <ruby>持<rt>も</rt></ruby>って ゆうびんきょくへ <ruby>行<rt>い</rt></ruby>った。

짐이 무거워서 둘이서 들고 우체국에 갔다.

---

13 ⑪⑱

かるい
イ가볍다

はこの <ruby>中<rt>なか</rt></ruby>には <ruby>何<rt>なに</rt></ruby>も ないから かるい です。

상자 속에는 아무것도 없어서 가볍습니다.

14
ほん や
本屋
명 책방, 서점

家の近くには スーパーや 本屋 などが
あります。
집 근처에는 슈퍼와 서점 등이 있습니다.
⊕ 花屋 (はなや) 명 꽃집

---

15 ㉑㉒
びょういん
病院
명 병원

むかし、このたてものは 病院 でした。
옛날에 이 건물은 병원이었습니다.

16
ぎんこう
銀行
명 은행

銀行 は 午後 3時までです。
은행은 오후 3시까지입니다.

17
えい が かん
映画館
명 영화관, 극장

仕事が 終わってから 映画館 に 行きました。
일이 끝난 후에 영화관에 갔습니다.

18
びじゅつかん
명 미술관

びじゅつかん には えが たくさん
かかっています。
미술관에는 그림이 많이 걸려 있습니다.

19
どうぶつえん
명 동물원

どうぶつえん は まちの 東に あります。
동물원은 마을 동쪽에 있습니다.

20
こうえん
公園
명 공원

今日は 公園 で 昼ご飯を 食べましょう。
오늘은 공원에서 점심을 먹읍시다.

● 단어의 읽는 법을 고르고, 밑줄에 뜻을 써 보세요.

1 手紙 ① てかみ ② てがみ ＿＿＿＿＿

2 重い ① かるい ② おもい ＿＿＿＿＿

3 公園 ① こうえん ② こういん ＿＿＿＿＿

4 病院 ① びょうき ② びょういん ＿＿＿＿＿

5 送る ① おくる ② かえる ＿＿＿＿＿

● 단어의 뜻을 찾아 줄을 그어 보세요.

6 つく ・ ・ ① 조용하다

7 きって ・ ・ ② 도착하다

8 かるい ・ ・ ③ 채소가게

9 しずかだ ・ ・ ④ 가볍다

10 やおや ・ ・ ⑤ 우표

DAY 4 집

1회 2회 3회

📖 예문과 함께 적중 어휘를 외워 봅시다.   🔊 MP3 1-2-4

01 ⑰ いえ うち **家(家)** 명 집	森さんの ✏家 で パーティーを しました。 모리 씨의 집에서 파티를 했습니다. ➕ いえ는 건물 즉 house, うち는 가정이나 가족의 의미인 home이나 family도 포함된다.
02 **へや** 명 방	この へや 、ちょっと 暑く ありませんか。 이 방, 조금 덥지 않습니까?
03 **だいどころ** 명 부엌	だいどころ は 料理を する ところです。 부엌은 요리를 하는 곳입니다.
04 ⑪⑯㉑ **まど** 명 창문	あついですから まど を 開けましょう。 더우니까 창문을 엽시다.
05 ⑯㉒ ちい **小さい** イ 작다, 어리다	小さい 弟 が いるから 毎日 うるさい。 어린 남동생이 있어서 매일 시끄럽다.
06 おお **大きい** イ 크다	家には 大きい 絵が たくさん あります。 집에는 큰 그림이 많이 있습니다.

07	かいだん ⑰ 圀계단	あそこの 🖉かいだん で 3がいへ 行って ください。 저기 계단으로 3층에 가세요.
08	にわ 圀정원, 마당	せまくても にわ が ある 家に 住みたい。 작아도 정원이 있는 집에서 살고 싶다.
09	かべ 圀벽	かべ に 時計が かかって います。 벽에 시계가 걸려 있습니다. ➕はる 圐붙이다 N4 ㉑
10	かぎ 圀열쇠	へやに かぎ を 忘れました。 방에 열쇠를 두고 왔습니다.
11	本だな 圀책장	もっと 大きい 本だな が ほしいです。 좀 더 큰 책장을 원합니다.
12	れいぞうこ 圀냉장고	れいぞうこ には 食べ物が たくさん あります。 냉장고에는 먹을 것이 많이 있습니다.
13	じょうぶだ ⑱⑲ 🟩튼튼하다	大きくて じょうぶな かばんを 買いました。 크고 튼튼한 가방을 샀습니다.

DAY 4

14 でんき **電気** 圐전등, 전기	で 出かける 前に ✎電気 を けして ください。 외출하기 전에 전등(불)을 끄세요.
15 **ごみ** 圐쓰레기	まいしゅう げつようび 毎週 月曜日に ごみ を 出して ください。 매주 월요일에 쓰레기를 내놓아 주세요.
16 **すてる** 圐버리다	ここに ごみを すては いけません。 여기에 쓰레기를 버려서는 안 됩니다.
17 **つける** ⑯ 圐(스위치를) 켜다	でんき 電気を つけて ください。 전등(불)을 켜 주세요.
18 **けす** ⑪⑯ 圐끄다	ねる 前に テレビを けす のを 忘れた。 자기 전에 텔레비전을 끄는 것을 깜빡했다. ➕ きえる 圐꺼지다, 사라지다
19 たか **高い** ⑮⑯ ㄱ비싸다, 높다	この テレビは 高い です。 이 텔레비전은 비쌉니다.
20 やす **安い** ⑪㉑ ㄱ싸다, 저렴하다	この カメラは 安い です。 이 카메라는 저렴합니다.

● 단어의 읽는 법을 고르고, 밑줄에 뜻을 써 보세요.

1 大きい   ① おおきい   ② だいきい   _____

2 電気   ① てんき   ② でんき   _____

3 安い   ① やすい   ② すくない   _____

4 小さい   ① しょうさい   ② ちいさい   _____

5 高い   ① たかい   ② ひろい   _____

● 단어의 뜻을 찾아 줄을 그어 보세요.

6 だいどころ   ・   ・ ① 끄다

7 じょうぶだ   ・   ・ ② 열쇠

8 けす   ・   ・ ③ 부엌

9 すてる   ・   ・ ④ 버리다

10 かぎ   ・   ・ ⑤ 튼튼하다

DAY4
데일리 테스트
정답

1 ① 크다 **2** ② 전기, 전등 **3** ① 싸다, 저렴하다 **4** ② 작다, 어리다 **5** ① 비싸다, 높다
6 ③ **7** ⑤ **8** ① **9** ④ **10** ②

🏳️ 예문과 함께 적중 어휘를 외워 봅시다.　🔊 MP3 1-2-5

01
生活する
せいかつ
명 생활하다

山田さんは いつも まじめな ✏️生活 を
やまだ
して います。
야마다 씨는 언제나 성실한 생활을 하고 있습니다.

02
せんたくする ⑯㉒
명 세탁하다

服を せんたく しました。
ふく
옷을 세탁했습니다.
≒ あらう ⑪ 동 씻다, 세탁하다

03
そうじする ⑱⑲
명 청소하다

私は 毎朝 へやの そうじ を します。
わたし まいあさ
저는 매일 아침 방 청소를 합니다.

04
おふろ
명 목욕, 욕실

つかれた 時は おふろ に 入るのが いい。
とき はい
피곤할 때에는 목욕하는 것이 좋다.
➕ おふろに 入る (はいる) 목욕하다

05
みがく ⑲
동 문질러 닦다,
(이를) 닦다

はを みがいて から ねましょう。
양치질을 하고 나서 잡시다.
➕ はを みがく 양치질하다

06
きれいだ
ナ 깨끗하다, 예쁘다

ワイシャツを きれいに あらいました。
와이셔츠를 깨끗이 세탁했습니다.
↔ きたない ｲ 더럽다

---

07 かいしゃ (14)(15)(16)(22) **会社** **명** 회사	昨日 かぜで 🖉会社 を 休みました。 어제 감기로 회사를 쉬었습니다.
08 **かじ** **명** 가사, 집안일	母は いつも かじ で いそがしいです。 어머니는 항상 집안일로 바쁩니다.
09 はたら (19) **働 く** **동** 일하다	外国で 働きたい です。 외국에서 일하고 싶습니다.
10 い (17) **行 く** **동** 가다	東京に 行く のに 2時間 かかった。 도쿄에 가는데 2시간 걸렸다.
11 く (11)(15)(17) **来る** **동** 오다	私 は きょねんの 3月に 日本に 来ました 。 저는 작년 3월에 일본에 왔습니다.
12 かえ (21) **帰る** **동** 돌아가다, 돌아오다	そろそろ 家へ 帰る 時間です。 이제 슬슬 집에 돌아갈 시간입니다.
13 で **出かける** **동** 외출하다, 나가다	散歩に 出かける より 家に いたい。 산책하러 나가기보다 집에 있고 싶다.

14 ⑰

たんじょうび

명 생일

たんじょうび に レストランへ 行きました。

생일에 레스토랑에 갔습니다.

15

ざっし

명 잡지

本屋に ざっし を 買いに 行きます。

서점에 잡지를 사러 갑니다.

16

食事する

통 식사하다

今日は 外で 食事 しよう。

오늘은 밖에서 식사하자.

17

ご飯

명 밥

私は パンより ご飯 の方が 好きです。

저는 빵보다 밥을 더 좋아합니다.

⊕ 朝ご飯 (あさごはん) 명 아침밥

18

歌う

통 (노래를) 부르다

私は 母が 歌を 歌う のを 聞いた ことが ない。

나는 엄마가 노래 부르는 것을 들은 적이 없다.

19

うれしい

イ 기쁘다

雪が たくさん 降って うれしい です。

눈이 많이 내려서 기쁩니다.

20

かなしい

イ 슬프다

私は かなしい 映画が 好きじゃ ありません。

저는 슬픈 영화를 좋아하지 않습니다.

● 단어의 읽는 법을 고르고, 밑줄에 뜻을 써 보세요.

1 会社　　　① がいしゃ　　② かいしゃ　　　＿＿＿＿＿

2 行く　　　① いく　　　　② なく　　　　＿＿＿＿＿

3 食事　　　① しょくじ　　② ごはん　　　＿＿＿＿＿

4 帰る　　　① くる　　　　② かえる　　　＿＿＿＿＿

5 働く　　　① はたらく　　② いく　　　　＿＿＿＿＿

● 단어의 뜻을 찾아 줄을 그어 보세요.

6 そうじ　　　・　　　　　　　・ ① 문질러 닦다, (이를) 닦다

7 きれいだ　　・　　　　　　　・ ② 생일

8 せんたく　　・　　　　　　　・ ③ 청소

9 たんじょうび ・　　　　　　　・ ④ 깨끗하다, 예쁘다

10 みがく　　　・　　　　　　　・ ⑤ 세탁

1 ② 회사　**2** ① 가다　**3** ① 식사　**4** ② 돌아가다, 돌아오다　**5** ① 일하다
6 ③　**7** ④　**8** ⑤　**9** ②　**10** ①

🏴 예문과 함께 적중 어휘를 외워 봅시다. 🔊 MP3 1-2-6

01
た　　もの
食べ物
명 음식

すしは 日本の ✏食べ物 です。
스시(초밥)는 일본 음식입니다.
➕ 飲み物 (のみもの) 명 음료

02
ちゅうもんする
명 주문하다

こうちゃを ちゅうもん しました。
홍차를 주문했습니다.

03
の　　　　　⑪⑮⑲㉑
飲む
동 마시다

まいあさ
毎朝 オレンジ ジュースを 飲みます 。
매일 오렌지 주스를 마십니다.

04
た　　　⑰㉑㉒
食べる
동 먹다

ばん　　はん
晩ご飯は もう 食べました 。
저녁은 이미 먹었습니다.

05
あつい
イ 뜨겁다

あつい ココアを ください。
뜨거운 코코아를 주세요.
➕ あたたかい イ 따뜻하다

06
㉓
つめたい
イ 차갑다

の　　もの
飲み物は つめたい ものに します。
음료는 차가운 것으로 하겠습니다.
➕ ぬるい イ 미지근하다

---

07 **くだもの** ⑰ **명** 과일	🖉 くだもの の中で すいかが いちばん 好きです。 과일 중에서 수박을 제일 좋아합니다.
08 **いちご** **명** 딸기	いちご は 今が シーズンです。 딸기는 지금이 시즌입니다.
09 **りんご** ⑰ **명** 사과	ナイフで りんご を 切って ください。 칼로 사과를 잘라 주세요.
10 **みかん** **명** 귤	はこに みかん が 五つ あります。 상자에 귤이 다섯 개 있습니다.
11 **ぶどう** **명** 포도	ぶどう から ワインを 作ります。 포도로 와인을 만듭니다.
12 **あまい** ⑭⑯ **イ** 달다, 달콤하다	何か あまい もの が ほしいです。 뭔가 달콤한 것을 원해요.
13 **にがい** **イ** 쓰다	なぜ 薬は にがい でしょうか。 왜 약은 쓸까요?

14 ぎゅうにゅう 名 우유	チーズは ぎゅうにゅう で 作る。 치즈는 우유로 만든다. ≒ ミルク 名 밀크, 우유
15 そば 名 메밀국수	今日の 昼ご飯は そば に しましょう。 오늘 점심은 메밀국수로 합시다.
16 かかる ㉑ 동 걸리다	すしを 作るのに 3時間も かかりました 。 스시(초밥)를 만드는데 3시간이나 걸렸습니다.
17 おいしい イ 맛있다	どこか おいしい 店を 知って いますか。 어딘가 맛있는 가게를 알고 있습니까?
18 まずい イ 맛없다	昨日 買った ケーキは まずかった 。 어제 산 케이크는 맛없었다.
19 うすい ⑪㉒ イ 싱겁다, 연하다, 얇다	コーヒーは うすい のが 好きです。 커피는 연한 것을 좋아합니다.
20 からい イ 맵다	からい 食べ物は からだに よく ない。 매운 음식은 몸에 좋지 않다.

- 단어의 뜻을 찾아 줄을 그어 보세요.

  1 飲む ・　　　　　・ ① 맵다

  2 あつい ・　　　　　・ ② 마시다

  3 かかる ・　　　　　・ ③ 걸리다

  4 からい ・　　　　　・ ④ 뜨겁다

  5 食べる ・　　　　　・ ⑤ 먹다

- 단어의 뜻을 찾아 줄을 그어 보세요.

  6 ちゅうもん ・　　　　　・ ① 달다, 달콤하다

  7 くだもの ・　　　　　・ ② 주문

  8 あまい ・　　　　　・ ③ 차갑다

  9 うすい ・　　　　　・ ④ 과일

  10 つめたい ・　　　　　・ ⑤ 싱겁다, 연하다, 얇다

DAY6
데일리 테스트
정답

1② **2**④ **3**③ **4**① **5**⑤
6② **7**④ **8**① **9**⑤ **10**③

실력 체크

한 주 동안 외운 단어를
점검해 봅시다!

✏️ 단어의 읽는 법과 의미를 써 봅시다.   🔊 MP3 1-2-1

단 어		단 어	
□ 休み	읽는법 의 미	□ おもしろい	읽는법 의 미
□ 夏休み	읽는법 의 미	□ つまらない	읽는법 의 미
□ 冬休み	읽는법 의 미	□ 同じだ	읽는법 의 미
□ 昼休み	읽는법 의 미	□ 毎月	읽는법 의 미
□ 休む	읽는법 의 미	□ しゃしん	읽는법 의 미
□ 楽しい	읽는법 의 미	□ とる	읽는법 의 미
□ 新聞	읽는법 의 미	□ あそぶ	읽는법 의 미
□ 本	읽는법 의 미	□ 話す	읽는법 의 미
□ 外国	읽는법 의 미	□ 長い	읽는법 의 미
□ 終わる	읽는법 의 미	□ 短い	읽는법 의 미

DAY 2

학습 날짜 ▶ ____ / ____   달성 목표 ▶ 20개 중 ____개 암기!

 단어의 읽는 법과 의미를 써 봅시다.

(MP3 1-2-2)

단 어			단 어		
□ 場所	읽는법		□ 新しい	읽는법	
	의 미			의 미	
□ 店	읽는법		□ 古い	읽는법	
	의 미			의 미	
□ 地図	읽는법		□ 便利だ	읽는법	
	의 미			의 미	
□ ところ	읽는법		□ たてもの	읽는법	
	의 미			의 미	
□ 会う	읽는법		□ 食堂	읽는법	
	의 미			의 미	
□ 有名だ	읽는법		□ せき	읽는법	
	의 미			의 미	
□ 道	읽는법		□ 高い	읽는법	
	의 미			의 미	
□ 駅	읽는법		□ ひくい	읽는법	
	의 미			의 미	
□ まち	읽는법		□ 広い	읽는법	
	의 미			의 미	
□ 住所	읽는법		□ せまい	읽는법	
	의 미			의 미	

🖉 단어의 읽는 법과 의미를 써 봅시다. 🔊 MP3 1-2-3

단 어		단 어	
□ 薬屋	읽는법 ___ 의 미 ___	□ 送る	읽는법 ___ 의 미 ___
□ こうばん	읽는법 ___ 의 미 ___	□ 重い	읽는법 ___ 의 미 ___
□ やおや	읽는법 ___ 의 미 ___	□ かるい	읽는법 ___ 의 미 ___
□ くうこう	읽는법 ___ 의 미 ___	□ 本屋	읽는법 ___ 의 미 ___
□ つく	읽는법 ___ 의 미 ___	□ 病院	읽는법 ___ 의 미 ___
□ しずかだ	읽는법 ___ 의 미 ___	□ 銀行	읽는법 ___ 의 미 ___
□ ゆうびんきょく	읽는법 ___ 의 미 ___	□ 映画館	읽는법 ___ 의 미 ___
□ きって	읽는법 ___ 의 미 ___	□ びじゅつかん	읽는법 ___ 의 미 ___
□ 手紙	읽는법 ___ 의 미 ___	□ どうぶつえん	읽는법 ___ 의 미 ___
□ はがき	읽는법 ___ 의 미 ___	□ 公園	읽는법 ___ 의 미 ___

단어의 읽는 법과 의미를 써 봅시다.   ◀ MP3 1-2-4

단 어		단 어	
□ 家	읽는법 의 미	□ 本だな	읽는법 의 미
□ へや	읽는법 의 미	□ れいぞうこ	읽는법 의 미
□ だいどころ	읽는법 의 미	□ じょうぶだ	읽는법 의 미
□ まど	읽는법 의 미	□ 電気	읽는법 의 미
□ 小さい	읽는법 의 미	□ ごみ	읽는법 의 미
□ 大きい	읽는법 의 미	□ すてる	읽는법 의 미
□ かいだん	읽는법 의 미	□ つける	읽는법 의 미
□ にわ	읽는법 의 미	□ けす	읽는법 의 미
□ かべ	읽는법 의 미	□ 高い	읽는법 의 미
□ かぎ	읽는법 의 미	□ 安い	읽는법 의 미

✏️ 단어의 읽는 법과 의미를 써 봅시다.   🔊 MP3 1-2-5

단 어		단 어	
□ 生活	읽는법 의 미	□ 来る	읽는법 의 미
□ せんたく	읽는법 의 미	□ 帰る	읽는법 의 미
□ そうじ	읽는법 의 미	□ 出かける	읽는법 의 미
□ おふろ	읽는법 의 미	□ たんじょうび	읽는법 의 미
□ みがく	읽는법 의 미	□ ざっし	읽는법 의 미
□ きれいだ	읽는법 의 미	□ 食事	읽는법 의 미
□ 会社	읽는법 의 미	□ ご飯	읽는법 의 미
□ かじ	읽는법 의 미	□ 歌う	읽는법 의 미
□ 働く	읽는법 의 미	□ うれしい	읽는법 의 미
□ 行く	읽는법 의 미	□ かなしい	읽는법 의 미

단어의 읽는 법과 의미를 써 봅시다.　🔊 MP3 1-2-6

단 어		단 어	
□ 食べ物	읽는법 의 미	□ ぶどう	읽는법 의 미
□ ちゅうもん	읽는법 의 미	□ あまい	읽는법 의 미
□ 飲む	읽는법 의 미	□ にがい	읽는법 의 미
□ 食べる	읽는법 의 미	□ ぎゅうにゅう	읽는법 의 미
□ あつい	읽는법 의 미	□ そば	읽는법 의 미
□ つめたい	읽는법 의 미	□ かかる	읽는법 의 미
□ くだもの	읽는법 의 미	□ おいしい	읽는법 의 미
□ いちご	읽는법 의 미	□ まずい	읽는법 의 미
□ りんご	읽는법 의 미	□ うすい	읽는법 의 미
□ みかん	읽는법 의 미	□ からい	읽는법 의 미

문제 1 _____의 단어는 히라가나로 어떻게 씁니까? 1·2·3·4 중 가장 알맞은 것을 하나 고르세요.

1 <u>外国</u>で　はたらきたいです。 외국에서 일하고 싶습니다.

　　1　がいこく　　2　かいこく　　3　がいごく　　4　かいごく

2 もりさんは　こうえんで　<u>休んで</u>　います。

　　모리 씨는 공원에서 쉬고 있습니다.

　　1　やすんで　　2　ならんで　　3　のんで　　4　よんで

3 その　ギターは　<u>古い</u>ですね。 그 기타는 낡았네요.

　　1　やすい　　2　ふるい　　3　おもい　　4　きたない

문제 2 _____의 단어는 어떻게 씁니까? 1·2·3·4에서 가장 알맞은 것을 하나 고르세요.

4 ばんごはんは　もう　<u>たべましたか</u>。 저녁밥은 벌써 먹었습니까?

　　1　立べましたか　　　　　　2　飯べましたか

　　3　食べましたか　　　　　　4　位べましたか

5 その　<u>しんぶんを</u>　とって　ください。 그 신문을 집어 주세요.

　　1　新聞　　2　新聞　　3　親聞　　4　親聞

6 この　カメラは　<u>やすい</u>ですね。 이 카메라는 저렴하네요.

　　1　高い　　2　安い　　3　古い　　4　新しい

문제 3 ( )에 무엇을 넣습니까? 1·2·3·4에서 가장 알맞은 것을 하나 고르세요.

7 弟は　からだが　（　　　　　）で　いつも　げんきです。

남동생은 몸이 튼튼하고, 항상 활기찹니다.

1　じょうぶ　　　　　　　　2　たいせつ

3　べんり　　　　　　　　　4　ゆうめい

8 なかに　なにも　ないから、この　はこは　（　　　　　）です。

속에 아무것도 없어서 이 상자는 가볍습니다.

1　みじかい　　　　　　　　2　ほそい

3　かるい　　　　　　　　　4　ひくい

문제 4 _____의 문장과 대체로 같은 의미의 문장이 있습니다. 1·2·3·4에서 가장 알맞은 것을 하나 고르세요.

9 うわぎを　せんたくしました。 겉 옷을 세탁했습니다.

1　うわぎを　きました。

2　うわぎを　はきました。

3　うわぎを　あらいました。

4　うわぎを　ぬぎました。

3 주 째

📖 예문과 함께 적중 어휘를 외워 봅시다.　🔊 MP3 1-3-1

01 りょう り ⑰ **料理する** 명 요리하다	本を 見ながら ✏️料理 を します。 책을 보면서 요리를 합니다.
02 にく **肉** 명 고기	肉 より 魚の 方が 好きです。 고기보다 생선을 더 좋아합니다. ➕ ぶたにく 명 돼지고기 ǀ ぎゅうにく 명 소고기
03 さかな ⑮⑯ **魚** 명 생선	魚 は からだに いい 食べ物です。 생선은 몸에 좋은 음식입니다.
04 はんぶん ⑪⑭⑮⑯ **半分** 명 반, 절반	パンを 半分 切って ください。 빵을 반 잘라 주세요.
05 あら **洗う** 동 씻다	はじめに やさいを 洗って ください。 먼저 채소를 씻어 주세요.
06 き ⑯ **切る** 예외 1그룹 동 자르다	ナイフで 肉を 切って ください。 칼로 고기를 잘라 주세요. ➕ 예외 1그룹 동사란? 155페이지 참고 　2그룹처럼 생겼지만 1그룹 활용을 하는 동사

07		
やさい 명채소	カレーに 入れる 🖉やさい を 買いました。 카레에 넣을 채소를 샀습니다.	

08	⑰	
さとう 명설탕	つぎは バターと さとう を 入れましょう。 다음은 버터와 설탕을 넣읍시다.	

09		
しお 명소금	さとうと しお を まちがえました。 설탕과 소금을 착각했습니다. ⊕ まちがえる 통 착각하다, 실수하다	

10		
しょうゆ 명간장	10分後、 しょうゆ を 入れます。 10분 후 간장을 넣습니다.	

11		
あぶら 명기름	あぶら は たくさん 入れないで ください。 기름은 많이 넣지 마세요.	

12	N4 ㉒	
つか **使う** 통사용하다	料理を する 時、よく さとうを 使います 。 요리를 할 때 자주 설탕을 사용합니다.	

13		
うまい イ 맛있다, 솜씨가 뛰어나다	この ホテルの 料理は とても うまい です。 이 호텔 요리는 매우 맛있습니다. ⇔ おいしい イ 맛있다	

14 (お)べんとう
명 도시락

今日は とうふを 使った ✐おべんとう です。
오늘은 두부를 사용한 도시락입니다.

15 (お)かし
명 과자

これは こめで 作った おかし です。
이것은 쌀로 만든 과자입니다.

16 (お)ちゃ
명 차

おちゃ でも 飲みながら 話しましょう。
차라도 마시면서 이야기합시다.

17 たまご
명 계란

ケーキを 作る 時、 たまご も 入ります。
케이크를 만들 때 계란도 들어갑니다.

18 (お)はし
명 젓가락

テーブルに はし を ならべて ください。
테이블에 젓가락을 놓아 주세요.
⊕ さら 명 접시

19 作る
동 만들다

これから カレーを 作りましょう 。
이제부터 카레를 만듭시다.

20 いろいろだ
ナ 여러 가지이다,
다양하다

たまごで いろいろな 料理を 作りました。
계란으로 다양한 요리를 만들었습니다.

● 단어의 읽는 법을 고르고, 밑줄에 뜻을 써 보세요.

1 半分　　　① はんぶん　　② はんぷん　　＿＿＿＿＿

2 魚　　　　① にく　　　　② さかな　　　＿＿＿＿＿

3 使う　　　① あらう　　　② つかう　　　＿＿＿＿＿

4 料理　　　① りょり　　　② りょうり　　＿＿＿＿＿

5 切る　　　① きる　　　　② おる　　　　＿＿＿＿＿

● 단어의 뜻을 찾아 줄을 그어 보세요.

6 うまい　　・　　　　　・ ① 설탕

7 やさい　　・　　　　　・ ② 맛있다, 솜씨가 뛰어나다

8 しお　　　・　　　　　・ ③ 채소

9 いろいろだ・　　　　　・ ④ 소금

10 さとう　　・　　　　　・ ⑤ 여러 가지이다, 다양하다

DAY 2 패션

1회 2회 3회

🏴 예문과 함께 적중 어휘를 외워 봅시다.

🔊 MP3 1-3-2

01	**ふく** 명옷	友_{とも}だちと同_{おな}じ ✏ ふく を 買_かいました。 친구와 같은 옷을 샀습니다. ➕ ようふく 명양복

02	**くつ** ⑱ 명신발, 구두	旅行_{りょこう}の 時_{とき}は 黒_{くろ}い くつ を はきます。 여행할 때는 검은 신발을 신습니다. ➕ くつした 명양말 ㅣ くつを はく 구두를 신다

03	**ぼうし** ⑮㉓ 명모자	あの ぼうし を かぶってみてもいいですか。 저 모자를 써 봐도 됩니까? ➕ ぼうしを かぶる ⑮ 모자를 쓰다

04	**時計_{とけい}** ⑯ 명시계	新_{あたら}しい 時計 を なくしました。 새 시계를 분실했습니다. ➕ なくす 동잃다, 분실하다

05	**はく** ⑱㉒ 동(하의를) 입다, (신발을) 신다	彼女_{かのじょ}は 赤_{あか}い スカートを はいて いた。 그녀는 빨간 스커트를 입고 있었다.

06	**着_きる** 동(옷을) 입다	スーツを 着て しごとに 行_いきます。 양복을 입고 일하러 갑니다.

07

いろ
色
명 색, 색깔

彼女の目の ✏️色 は 青です。

그녀의 눈 색(눈빛)은 파란색입니다.

08

あお
青
명 파랑, 파란색

しんごうが 青 に かわった。

신호가 파란색으로 바뀌었다.

➕ 青い (あおい) ㋑ 파랗다

09

あか
赤
명 빨강, 빨간색

しんごうが 赤 に かわった。

신호가 빨간색으로 바뀌었다.

➕ 赤い (あかい) ㋑ 빨갛다

10

くろ
黒
명 검정, 검정색

私は 黒 のコートを たくさん 持っている。

나는 검정색 코트를 많이 가지고 있다.

➕ 黒い (くろい) ㋑ 검다

11

しろ
白
명 하양, 하얀색

やはり 車は 白 が 一番 にんきです。

역시 차는 하얀색이 가장 인기입니다.

➕ 白い (しろい) ㋑ 하얗다

12

みどり
명 초록, 녹색

カーテンは みどり に きめた。

커튼은 녹색으로 정했다.

13

きいろ
명 노랑, 노란색

にわの 花は ぜんぶ きいろ です。

정원 꽃은 전부 노란색입니다.

➕ きいろい ㋑ 노랗다

---

14 うわぎ
명 겉옷, 상의

寒いですから、✐うわぎ を 忘れないで ください。
추우니까 겉옷을 잊지 마세요.
➕ したぎ 명 속옷

15 めがね
명 안경

新しい めがね を 買いました。
새 안경을 샀습니다.
➕ めがねを かける 안경을 쓰다 ㉑

16 ネックレス
명 목걸이

たんじょうびに ネックレス を もらいました。
생일에 목걸이를 받았습니다.

17 ぬぐ ㉑
동 벗다

ここでは くつを ぬいで ください。
여기에서는 구두를 벗어 주세요.

18 しめる
동 (넥타이를) 매다

彼は いつも ネクタイを しめて います。
그는 항상 넥타이를 매고 있습니다.

19 かわいい
형 귀엽다, 사랑스럽다

彼女は かわいい ぼうしを かぶって います。
그녀는 귀여운 모자를 쓰고 있습니다.

20 まるい
형 둥글다

大きくて まるい テーブルが ほしいです。
크고 둥근 테이블을 갖고 싶습니다.

- 단어의 읽는 법을 고르고, 밑줄에 뜻을 써 보세요.

  1 時計   ① とけい   ② とけ   _____

  2 青   ① あか   ② あお   _____

  3 色   ① いろ   ② しろ   _____

  4 白   ① くろ   ② しろ   _____

  5 着る   ① きる   ② はる   _____

- 어울리는 단어를 찾아 줄을 긋고, 밑줄에 의미를 써 봅시다.

  6 めがねを   ·   · ① はく   _____

  7 ふくを   ·   · ② かける   _____

  8 ぼうしを   ·   · ③ 着る   _____

  9 くつを   ·   · ④ しめる   _____

  10 ネクタイを   ·   · ⑤ かぶる   _____

DAY2
데일리 테스트
정답

1 ① 시계 **2** ② 파랑, 파란색 **3** ① 색깔 **4** ② 하양, 흰색 **5** ① (옷을) 입다 **6** ② 안경을 쓰다
7 ③ 옷을 입다 **8** ⑤ 모자를 쓰다 **9** ① 구두를 신다 **10** ④ 넥타이를 매다

84   N5

DAY 3 경제

1회 2회 3회

🏳 예문과 함께 적중 어휘를 외워 봅시다.   🔊 MP3 1-3-3

| 01 (お)金 <ruby>金<rt>かね</rt></ruby> 명 돈 | さいふに ✏️お金 を <ruby>入<rt>い</rt></ruby>れた。
지갑에 돈을 넣었다. |

| 02 <ruby>買<rt>か</rt></ruby>い<ruby>物<rt>もの</rt></ruby>する 명 쇼핑하다 | デパートで 買い物 を しました。
백화점에서 쇼핑을 했습니다. |

| 03 さいふ ㉒ 명 지갑 | さいふ を <ruby>忘<rt>わす</rt></ruby>れて、<ruby>お金<rt>かね</rt></ruby>が ない。
지갑을 두고 와서 돈이 없다. |

| 04 しょうひん 명 상품 | <ruby>今日<rt>きょう</rt></ruby> この しょうひん は <ruby>無料<rt>むりょう</rt></ruby>です。
오늘 이 상품은 무료입니다. |

| 05 <ruby>売<rt>う</rt></ruby>る ⑱ 동 팔다 | <ruby>私<rt>わたし</rt></ruby> は <ruby>家<rt>いえ</rt></ruby>を 売る つもりです。
저는 집을 팔 생각입니다. |

| 06 <ruby>買<rt>か</rt></ruby>う ⑱⑲㉓ 동 사다 | <ruby>車<rt>くるま</rt></ruby>を 買う <ruby>お金<rt>かね</rt></ruby>は ありません。
차를 살 돈은 없습니다. |

07 でんわ
電話する ⑰㉓
[명]전화 하다

✏️電話 するのを 忘れて ごめんなさい。
전화하는 것을 잊어서 죄송합니다.
⊕ 電話番号 (でんわばんごう)[명]전화번호

08 てんいん
[명]점원

てんいん が「いらっしゃいませ」と 言った。
점원이 "어서 오세요"라고 말했다.
⊕ てんちょう [명]점장

09 しゃちょう
社長
[명]사장(님)

彼は 30さいで 社長 に なった。
그는 서른 살에 사장이 되었다.

10 せかい
世界
[명]세계

ここは 世界 で 一番 高い ホテルです。
여기는 세계에서 가장 비싼 호텔입니다.

11 くに
国 ㉑
[명]나라, 고국(모국)

毎晩 国 の 両親に 電話して います。
매일 밤 고국(모국)의 부모님에게 전화하고 있습니다.

12 い
要る 예외 1그룹
[동]필요하다

新しい ノートパソコンが 要ります 。
새 노트북이 필요합니다.

13 たのむ
[동]부탁하다

彼は 「お金を ください」と たのみました 。
그는 돈을 달라고 부탁했습니다.

14 おつり
명 거스름돈

✏ おつり は 要りません。
거스름돈은 필요 없습니다.

15 けいざい
명 경제

世界の けいざい は あまり よく ない。
세계 경제는 별로 좋지 않다.

16 無料
명 무료

無料 映画 サイトで 映画を 見ました。
무료 영화 사이트에서 영화를 봤습니다.

17 ねだん
명 가격

ここの ねだん は とても 高いです。
이곳의 가격은 매우 비쌉니다.

18 はらう
동 지불하다

タクシーを 降りる 前に、お金を はらいます。
택시를 내리기 전에 돈을 지불합니다.

19 ほしい
イ 갖고싶다, 원하다

新しい スマホが ほしい です。
새 스마트폰을 갖고 싶습니다.

20 えらぶ
동 선택하다, 고르다

パーティーに 着て 行く ふくを えらんで ください。
파티에 입고 갈 옷을 골라 주세요.

- 단어의 읽는 법을 고르고, 밑줄에 뜻을 써 보세요.

   1 買う   ① あう   ② かう   ＿＿＿＿

   2 無料   ① むりょう   ② むりょ   ＿＿＿＿

   3 買い物   ① かいもの   ② のみもの   ＿＿＿＿

   4 国   ① くに   ② まち   ＿＿＿＿

   5 売る   ① いる   ② うる   ＿＿＿＿

- 단어의 뜻을 찾아 줄을 그어 보세요.

   6 おつり   ・   ・ ① 선택하다, 고르다

   7 たのむ   ・   ・ ② 거스름돈

   8 えらぶ   ・   ・ ③ 지불하다

   9 はらう   ・   ・ ④ 가격

   10 ねだん   ・   ・ ⑤ 부탁하다

DAY3
데일리 테스트
정답
| **1** ② 사다   **2** ① 무료   **3** ① 쇼핑   **4** ① 나라, 고국   **5** ② 팔다
6 ②   **7** ⑤   **8** ①   **9** ③   **10** ④

📑 예문과 함께 적중 어휘를 외워 봅시다.　🔊 MP3 1-3-4

---

01 ⑭㉒
おんな こ
女の子
명 여자아이

パーティーには 50人の ✏️女の子 が いた。
파티에는 50명의 여자아이가 있었다.
⟺ 男の子 (おとこのこ) **명** 남자아이

---

02 ⑱
おとこ ひと
男の人
명 남자

あそこに いる 男の人 が 山田さんです。
저곳에 있는 남자가 야마다 씨입니다.
⟺ 女の人 (おんなのひと) **명** 여자

---

03 ⑪
な まえ
名前
명 이름

この 紙に 名前 を 書いて ください。
이 종이에 이름을 써 주세요.

04
とも
友だち
명 친구(들)

彼は アメリカで 彼女と 友だち に なった。
그는 미국에서 그녀와 친구가 되었다.

---

05 ⑪⑮
う
生まれる
동 태어나다

昨日 姉の 赤ちゃんが 生まれました 。
어제 언니(누나)의 아기가 태어났습니다.
➕ あかちゃん **명** 아기

06
たいせつだ
ナ 소중하다

山田先生は 私の たいせつな 人です。
야마다 선생님은 저의 소중한 사람입니다.

---

07 おとな 명 어른	✏️ **おとな** 2まいと 子ども 1まい ください。 어른 2장과 아이 1장 주세요.
08 子ども 명 아이	私は **子ども** の時、川で よく あそびました。 저는 어렸을 때, 강에서 자주 놀았습니다.
09 自分 명 자기, 자신	**自分** を たいせつに して ください。 자신을 소중히 해 주세요.
10 きょうだい 명 형제	私は 3人 **きょうだい** です。 저는 삼형제입니다.
11 てつだう 동 돕다	すずきさん、何か **てつだう** ことは ありませんか。 스즈키 씨, 뭔가 도울 일은 없습니까?
12 知る 동 알다	彼は 何でも よく **知って** います。 그는 뭐든 잘 알고 있습니다. ➕ わかる 동 이해하다, 알다
13 しんせつだ ナ 친절하다	子どもたちに **しんせつな** 先生に なりたい。 아이들에게 친절한 선생님이 되고 싶다.

14 おや
명 부모

子どもを 見れば ✎ おや が わかる。
아이를 보면 부모를 알 수 있다.

15 医者
いしゃ
명 의사

父は 医者 ですが、私は 医者 に
ちち   わたし
なりたく ありません。
아버지는 의사지만 저는 의사가 되고 싶지 않습니다.

16 会社員
かいしゃいん
명 회사원

学校を そつぎょうして 会社員 になりま
がっこう
した。
학교를 졸업하고 회사원이 되었습니다.
⊕ 社員 (しゃいん) 명 사원

17 けいさつ
명 경찰

けいさつ を よんで ください。
경찰을 불러 주세요.

18 けっこんする
명 결혼하다

先月 けっこん しました。
せんげつ
지난달 결혼했습니다.

19 おこる
동 화내다

私 は すぐ おこる 人は 好きじゃ ありません。
わたし   ひと す
저는 바로 화내는 사람은 좋아하지 않습니다.

20 よぶ
동 부르다

レストランで お店の 人を よびました 。
みせ ひと
레스토랑에서 가게 점원을 불렀습니다.

• 단어의 읽는 법이나 쓰는 법을 고르고, 밑줄에 뜻을 써 보세요.

1 おんなのこ　　① 男の子　　　② 女の子　　　＿＿＿＿＿

2 医者　　　　　①いしゃ　　　②いし　　　　＿＿＿＿＿

3 かいしゃ　　　① 社会　　　　② 会社　　　　＿＿＿＿＿

4 しる　　　　　① 知る　　　　② 分る　　　　＿＿＿＿＿

5 なまえ　　　　① 右前　　　　② 名前　　　　＿＿＿＿＿

• 단어의 뜻을 찾아 줄을 그어 보세요.

6 生まれる　　・　　　　　　　・　① 돕다

7 おとな　　　・　　　　　　　・　② 친절하다

8 てつだう　　・　　　　　　　・　③ 화내다

9 しんせつだ　・　　　　　　　・　④ 태어나다

10 おこる　　　・　　　　　　　・　⑤ 어른

DAY 5 몸

🏳 예문과 함께 적중 어휘를 외워 봅시다.　　🔊 MP3 1-3-5

01	からだ **体** **명**몸	たばこは 🖉体 に わるいです。 담배는 몸에 나쁩니다.
02	**あたま** **명**머리	かぜで あたま が いたいです。 감기로 머리가 아픕니다.
03	**かお** **명**얼굴	彼女の かお が 赤く なった。 그녀의 얼굴이 빨개졌다.
04	⑳ て **手** **명**손	手 を きれいに 洗いなさい。 손을 깨끗이 씻어라.
05	あし **足** **명**발	つかれて 足 が 重かった。 피곤해서 다리가 무거웠다.
06	⑮⑱⑲ **あびる** **동** (샤워를) 하다, 뒤집어쓰다	シャワーを あびて 朝ご飯を 食べました。 샤워를 하고 아침을 먹었습니다. ⊕ シャワーを あびる 샤워를 하다

07	め **目** 명눈	㉗㉑

🖊**目** が いたくて、病院へ 行きました。

눈이 아파서 병원에 갔습니다.

08	はな 명코

ぞうは **はな** が ながい。

코끼리는 코가 길다.

09	くち **口** 명입

口 に 食べ物を 入れて 話しては
いけません。

입에 음식물을 넣고 이야기해서는 안 됩니다.

10	みみ **耳** 명귀	⑮⑱⑲

あかちゃんの **耳** は 小さいです。

아기의 귀는 작습니다.

11	は 명이, 치아	⑰㉒

一日に 3回は **は** を みがいて ください。

하루에 3번은 이를 닦으세요.

12	いい・よい イ좋다

山田は クラスで 一番 あたまが **いい**。

야마다는 반에서 가장 머리가 좋다.

13	わるい イ나쁘다

私 は とても 目が **わるい** です。

저는 매우 눈이 나쁩니다.

14 **のど** 명 목, 목구멍	✏️ のど が いたい 時^{とき}は あたたかい 水^{みず}を 飲^のんで ください。 목이 아플 때에는 따뜻한 물을 드세요.
15 **かみ** 명 머리카락	父^{ちち}の かみ は 白^{しろ}く なった。 아버지의 머리카락은 하얘졌다.
16 **せ** 명 키	私^{わたし}は 兄^{あに}より せ が 高^{たか}い。 나는 오빠(형)보다 키가 크다.
17 **おなか** 명 배(신체 부위)	もう おなか が いっぱいです。 이제 배가 부릅니다.
18 **いたい** イ 아프다	あたまが いたい 時^{とき}は この 薬^{くすり}を 飲^のんで ください。 머리가 아플 때는 이 약을 드세요.
19 **ふとい** イ 굵다	私^{わたし}は 足^{あし}が ふとくて ダイエットを して います。 저는 다리가 굵어서 다이어트를 하고 있습니다.
20 **ほそい** イ 가늘다	森^{もり}さんは ゆびが ほそくて きれいです。 모리 씨는 손가락이 가늘고 예쁩니다.

● 단어의 읽는 법이나 쓰는 법을 고르고, 밑줄에 뜻을 써 보세요.

1 手　　　①て　　　②あし　　　＿＿＿＿＿

2 口　　　①はな　　　②くち　　　＿＿＿＿＿

3 足　　　①あし　　　②はし　　　＿＿＿＿＿

4 からだ　　　①体　　　②休　　　＿＿＿＿＿

5 みみ　　　①目　　　②耳　　　＿＿＿＿＿

● 어울리는 단어를 찾아 줄을 긋고, 밑줄에 의미를 써 봅시다.

6 シャワーを　・　　　・ ①いい　　　＿＿＿＿＿

7 かみが　・　　　・ ②あびる　　　＿＿＿＿＿

8 あたまが　・　　　・ ③ふとい　　　＿＿＿＿＿

9 あしが　・　　　・ ④高(たか)い　　　＿＿＿＿＿

10 せが　・　　　・ ⑤しろい　　　＿＿＿＿＿

🏳 예문과 함께 적중 어휘를 외워 봅시다.   🔊 MP3 1-3-6

01	くすり 薬 ㉓ 명약	この ✏️薬 は 四日間 飲んで ください。 이 약은 4일간 드세요.
02	びょうき 病気 명병	毎日 お酒を 飲むと 病気 に なるよ。 매일 술을 마시면 병에 걸려요.
03	かぜ 명감기	かぜ を ひいた 時は 休んで ください。 감기에 걸렸을 때는 쉬세요.
04	ねつ 명열	ねつ が さがりません。 열이 떨어지지 않습니다.
05	げんき 元気だ ナ건강하다	おばあさんは 80さいですが、元気です。 할머니는 80세지만 건강합니다.
06	たいへんだ ナ힘들다	遅くまで しごとを して たいへんです。 늦게까지 일을 해서 힘듭니다.

07

ちから
力

图힘

私は 弟より ✏力 が よわい。

나는 남동생보다 힘이 약하다.

08

げんき ⑯
元気

图기운, 기력

今日は 元気 が ないですね。

오늘은 기운이 없네요.

09

きぶん

图기분, 컨디션

きぶん が 悪いので 薬を 飲みました。

속이 안 좋아서 약을 먹었습니다.

➕ きもち 图기분, 감정

10

⑲
つかれる

图지치다, 피곤하다

今日は テストが たくさん あって

つかれました 。

오늘은 시험이 많이 있어서 지쳤습니다.

11

いきる

图살다, 생존하다

80さいまで いきる 人は 多いです。

80세까지 사는 사람은 많습니다.

12

つよ ⑮
強い

⑦강하다

父は せが 高くて 力が 強い です。

아버지는 키가 크고 힘이 셉니다.

13

よわい

⑦약하다

彼女は わかいですが、体が よわい です。

그녀는 젊지만 몸이 약합니다.

14 こえ
명 목소리

大きい ✐こえ で 話して ください。

큰 소리로 말해 주세요.

---

15 音
명 소리

ドアが 閉まる 音 を 聞いた。

문이 닫히는 소리를 들었다.

---

16 すう
동 (담배를) 피우다

父は たばこを すう のを やめました。

아버지는 담배를 피우는 것을 그만두었습니다.

---

17 あぶない
イ 위험하다

ここは 車が 多いですから あぶない です。

여기는 차가 많아서 위험합니다.

---

18 こわい
イ 무섭다

山田先生は いつも こわい かおを して います。

야마다 선생님은 항상 무서운 얼굴을 하고 있습니다.

---

19 わかい
イ 젊다

私の 父は 母より わかい です。

저의 아버지는 어머니보다 젊습니다.

---

20 じゅうぶんだ
ナ 충분하다

つかれた 時は じゅうぶんに 寝て ください。

지쳤을 때는 충분히 주무세요.

DAY 6 데일리 테스트

- 단어의 읽는 법을 고르고, 밑줄에 뜻을 써 보세요.

    1 強い　　　　① よわい　　　② つよい　　　＿＿＿＿＿

    2 力　　　　　① ちから　　　② あたま　　　＿＿＿＿＿

    3 くすり　　　① 薬　　　　　② 楽　　　　　＿＿＿＿＿

    4 びょうき　① 元気　　　　② 病気　　　　＿＿＿＿＿

    5 元気　　　① げんき　　　② けんき　　　＿＿＿＿＿

- 단어의 뜻을 찾아 줄을 그어 보세요.

    6 つかれる　　・　　　　　　・ ① 약하다

    7 あぶない　　・　　　　　　・ ② 위험하다

    8 じゅうぶんだ ・　　　　　・ ③ 지치다, 피곤하다

    9 よわい　　　・　　　　　　・ ④ 감기

    10 かぜ　　　　・　　　　　　・ ⑤ 충분하다

DAY6
데일리 테스트
정답

1 ② 세다, 강하다　**2** ① 힘　**3** ① 약　**4** ② 병　**5** ① 기운, 기력
6 ③　**7** ②　**8** ⑤　**9** ①　**10** ④

실력 체크

한 주 동안 외운 단어를
점검해 봅시다!

단어의 **읽는 법**과 **의미**를 써 봅시다.　🔊 MP3 1-3-1

단 어			단 어		
□ 料理	읽는법		□ あぶら	읽는법	
	의 미			의 미	
□ 肉	읽는법		□ 使う	읽는법	
	의 미			의 미	
□ 魚	읽는법		□ うまい	읽는법	
	의 미			의 미	
□ 半分	읽는법		□ (お)べんとう	읽는법	
	의 미			의 미	
□ 洗う	읽는법		□ (お)かし	읽는법	
	의 미			의 미	
□ 切る	읽는법		□ (お)ちゃ	읽는법	
	의 미			의 미	
□ やさい	읽는법		□ たまご	읽는법	
	의 미			의 미	
□ さとう	읽는법		□ (お)はし	읽는법	
	의 미			의 미	
□ しお	읽는법		□ 作る	읽는법	
	의 미			의 미	
□ しょうゆ	읽는법		□ いろいろだ	읽는법	
	의 미			의 미	

✏️ 단어의 읽는 법과 의미를 써 봅시다.   🔊 MP3 1-3-2

단 어		단 어	
□ ふく	읽는법 / 의 미	□ 白	읽는법 / 의 미
□ くつ	읽는법 / 의 미	□ みどり	읽는법 / 의 미
□ ぼうし	읽는법 / 의 미	□ きいろ	읽는법 / 의 미
□ 時計	읽는법 / 의 미	□ うわぎ	읽는법 / 의 미
□ はく	읽는법 / 의 미	□ めがね	읽는법 / 의 미
□ 着る	읽는법 / 의 미	□ ネックレス	읽는법 / 의 미
□ 色	읽는법 / 의 미	□ ぬぐ	읽는법 / 의 미
□ 青	읽는법 / 의 미	□ しめる	읽는법 / 의 미
□ 赤	읽는법 / 의 미	□ かわいい	읽는법 / 의 미
□ 黒	읽는법 / 의 미	□ まるい	읽는법 / 의 미

🖋 단어의 읽는 법과 의미를 써 봅시다. 🔊 MP3 1-3-3

단 어		
□ (お)金	읽는법	
	의 미	
□ 買い物	읽는법	
	의 미	
□ さいふ	읽는법	
	의 미	
□ しょうひん	읽는법	
	의 미	
□ 売る	읽는법	
	의 미	
□ 買う	읽는법	
	의 미	
□ 電話	읽는법	
	의 미	
□ てんいん	읽는법	
	의 미	
□ 社長	읽는법	
	의 미	
□ 世界	읽는법	
	의 미	

단 어		
□ 国	읽는법	
	의 미	
□ 要る	읽는법	
	의 미	
□ たのむ	읽는법	
	의 미	
□ おつり	읽는법	
	의 미	
□ けいざい	읽는법	
	의 미	
□ 無料	읽는법	
	의 미	
□ ねだん	읽는법	
	의 미	
□ はらう	읽는법	
	의 미	
□ ほしい	읽는법	
	의 미	
□ えらぶ	읽는법	
	의 미	

단어의 읽는 법과 의미를 써 봅시다.   🔊 MP3 1-3-4

단 어		단 어	
□ 女の子	읽는법 의 미	□ てつだう	읽는법 의 미
□ 男の人	읽는법 의 미	□ 知る	읽는법 의 미
□ 名前	읽는법 의 미	□ しんせつだ	읽는법 의 미
□ 友だち	읽는법 의 미	□ おや	읽는법 의 미
□ 生まれる	읽는법 의 미	□ 医者	읽는법 의 미
□ たいせつだ	읽는법 의 미	□ 会社員	읽는법 의 미
□ おとな	읽는법 의 미	□ けいさつ	읽는법 의 미
□ 子ども	읽는법 의 미	□ けっこん	읽는법 의 미
□ 自分	읽는법 의 미	□ おこる	읽는법 의 미
□ きょうだい	읽는법 의 미	□ よぶ	읽는법 의 미

단어의 읽는 법과 의미를 써 봅시다.　🔊 MP3 1-3-5

단 어		
□ 体	읽는법	
	의 미	
□ あたま	읽는법	
	의 미	
□ かお	읽는법	
	의 미	
□ 手	읽는법	
	의 미	
□ 足	읽는법	
	의 미	
□ あびる	읽는법	
	의 미	
□ 目	읽는법	
	의 미	
□ はな	읽는법	
	의 미	
□ 口	읽는법	
	의 미	
□ 耳	읽는법	
	의 미	

단 어		
□ は	읽는법	
	의 미	
□ いい・よい	읽는법	
	의 미	
□ わるい	읽는법	
	의 미	
□ のど	읽는법	
	의 미	
□ かみ	읽는법	
	의 미	
□ せ	읽는법	
	의 미	
□ おなか	읽는법	
	의 미	
□ いたい	읽는법	
	의 미	
□ ふとい	읽는법	
	의 미	
□ ほそい	읽는법	
	의 미	

단어의 읽는 법과 의미를 써 봅시다.　🔊 MP3 1-3-6

단 어			단 어		
□ 薬	읽는법		□ いきる	읽는법	
	의 미			의 미	
□ 病気	읽는법		□ 強い	읽는법	
	의 미			의 미	
□ かぜ	읽는법		□ よわい	읽는법	
	의 미			의 미	
□ ねつ	읽는법		□ こえ	읽는법	
	의 미			의 미	
□ 元気だ	읽는법		□ 音	읽는법	
	의 미			의 미	
□ たいへんだ	읽는법		□ すう	읽는법	
	의 미			의 미	
□ 力	읽는법		□ あぶない	읽는법	
	의 미			의 미	
□ 元気	읽는법		□ こわい	읽는법	
	의 미			의 미	
□ きぶん	읽는법		□ わかい	읽는법	
	의 미			의 미	
□ つかれる	읽는법		□ じゅうぶんだ	읽는법	
	의 미			의 미	

문제 1 ____의 단어는 히라가나로 어떻게 씁니까? 1·2·3·4 중 가장 알맞은 것을 하나 고르세요.

1 あかちゃんの　耳は　とても　ちいさいです。 아기의 귀는 매우 작습니다.

1　くち　　　2　みみ　　　3　て　　　　4　は

2 パンを　半分 切って　ください。 빵을 반 잘라 주세요.

1　はんふん　2　はんぶん　3　ほんぶん　4　ほんふん

3 強い　かせが　ふいて　います。 강한 바람이 불고 있습니다.

1　こわい　　　2　わかい　　　3　よわい　　　4　つよい

문제 2 ____의 단어는 어떻게 씁니까? 1·2·3·4에서 가장 알맞은 것을 하나 고르세요.

4 くにの　かぞくに　でんわしました。 고국(모국)에 있는 가족에게 전화했습니다.

1　雲語　　　2　電語　　　3　雲話　　　4　電話

5 あたらしい　めがねを　かいました。 새 안경을 샀습니다.

1　見いました　　　　　2　買いました
3　員いました　　　　　4　貝いました

6 めが　いたいですから　びょういんへ　いきます。

눈이 아파서 병원에 갑니다.

1　口　　　2　手　　　3　目　　　4　耳

문제 3 (   )에 무엇을 넣습니까? 1·2·3·4에서 가장 알맞은 것을 하나 고르세요.

7 わたしは　いつも　10じに　シャワーを　（　　　　）。
저는 항상 10시에 샤워를 합니다.

1　あらいます　　　　　　2　はいります
3　あびます　　　　　　　4　およぎます

8 りょこうの　ときは　くろい　くつを　（　　　　）。
여행할 때는 검은 구두를 신습니다.

1　はきます　　　　　　　2　つけます
3　かけます　　　　　　　4　かぶります

문제 4 ＿＿＿의 문장과 대체로 같은 의미의 문장이 있습니다. 1·2·3·4에서 가장 알맞은 것을 하나 고르세요.

9 りょうしんに　てがみを　かきました。 부모님께 편지를 썼습니다.

1　そふと　そぼに　てがみを　かきました。
2　あねと　いもうとに　てがみを　かきました。
3　ちちと　ははに　てがみを　かきました。
4　あにと　おとうとに　てがみを　かきました。

실전 JLPT 도전 정답

1 2　**2** 2　**3** 4　**4** 4　**5** 2　**6** 3　**7** 3　**8** 1　**9** 3

4주째

やった！
合格だ!!

🏳예문과 함께 적중 어휘를 외워 봅시다.　◀)) MP3 1-4-1

01 <ruby>車<rt>くるま</rt></ruby> ⑪⑭⑰ 명차, 자동차	<ruby>東京<rt>とうきょう</rt></ruby>まで 🖉車 で 2<ruby>時間<rt>じかん</rt></ruby>ぐらい かかります。 도쿄까지 차로 2시간 정도 걸립니다.
02 じてんしゃ 명자전거	ここに じてんしゃ を <ruby>置<rt>お</rt></ruby>かないで ください。 여기에 자전거를 두지 마세요.
03 じどうしゃ 명자동차	じどうしゃ を <ruby>置<rt>お</rt></ruby>く ところは あそこです。 자동차를 두는 곳은 저쪽입니다.
04 こうさてん 명교차로, 사거리	あの こうさてん を <ruby>右<rt>みぎ</rt></ruby>に まがって ください。 저 교차로에서 우회전하세요. (저 교차로를 오른쪽으로 돌아 주세요.)
05 しんごう 명신호	しんごう は <ruby>赤<rt>あか</rt></ruby>から <ruby>青<rt>あお</rt></ruby>に かわった。 신호는 빨강에서 파랑으로 바뀌었다.
06 <ruby>乗<rt>の</rt></ruby>る 동(교통수단을)타다	<ruby>今日<rt>きょう</rt></ruby>は タクシーに <ruby>乗<rt>の</rt></ruby>って <ruby>会社<rt>かいしゃ</rt></ruby>へ <ruby>行<rt>い</rt></ruby>った。 오늘은 택시를 타고 회사에 갔다. ➕ <ruby>乗<rt>の</rt></ruby>り<ruby>場<rt>ば</rt></ruby> (のりば) 명승강장

ちかてつ
명 지하철

電車^{でんしゃ}より ✎ちかてつ が 高^{たか}いです。
전철보다 지하철이 비쌉니다.

㉑

電車^{でんしゃ}
명 전차, 전철

私^{わたし}は 電車 の 中^{なか}で いつも 本^{ほん}を 読^よみます。
저는 전철 안에서 항상 책을 읽습니다.

きっぷ
명 표

きっぷ を 見^みせて ください。
표를 보여주세요.

入口^{いりぐち}
명 입구

ホテルの 入口 で 朝^{あさ} 9時^じに 会^あいましょう。
호텔 입구에서 아침 9시에 만납시다.

㉓

出口^{でぐち}
명 출구

3番^{ばん} 出口 は どちらですか。
3번 출구는 어느 쪽이에요?

こむ
동 붐비다

日曜日^{にちようび}は デパートが とても こみます 。
일요일에는 백화점이 매우 붐빕니다.

降^おりる
동 (탈 것을) 내리다

家^{いえ}の 近^{ちか}くの 駅^{えき}で 電車^{でんしゃ}を おりました 。
집 근처 역에서 전철을 내렸습니다.

14	**ひこうき** 명 비행기	✏️ ひこうき なら 1時間で 着くでしょう。 비행기라면 1시간만에 도착하겠죠?
15	**ふね** 명 배(교통수단)	遠くに ふね が 見えます。 멀리서 배가 보입니다.
16	**はし** 명 다리(시설물)	この はし は 日本で 一番 長いです。 이 다리는 일본에서 가장 깁니다.
17	**かど** 명 모퉁이	あの 左の かど の 部屋は 私の 友だちが 住んでいます。 저 왼쪽 모퉁이 방은 제 친구가 살고 있습니다.
18	**とおる** 동 지나가다	私の 家の 前を とおる バスは たくさん あります。 저의 집 앞을 지나가는 버스는 많이 있습니다.
19	**止まる** 동 멈추다	バスが 止まる まで すわっていて ください。 버스가 멈출 때까지 앉아 있으세요. ➕ 止める (とめる) 동 세우다
20	**安全だ** ナ 안전하다	ひこうきは 車より 安全です 。 비행기는 자동차보다 안전합니다.

- 단어의 읽는 법을 고르고, 밑줄에 뜻을 써 보세요.

  1 安全だ　　　① あんぜんだ　　② あんしんだ　　_____

  2 車　　　　　① きっぷ　　　　② くるま　　　　_____

  3 電車　　　　① でんしゃ　　　② ちかてつ　　　_____

  4 乗る　　　　① おりる　　　　② のる　　　　　_____

  5 出口　　　　① いりぐち　　　② でぐち　　　　_____

- 단어의 뜻을 찾아 줄을 그어 보세요.

  6 こうさてん　　・　　　　　　　・　① 붐비다

  7 降りる　　　　・　　　　　　　・　② (탈 것을) 내리다

  8 かど　　　　　・　　　　　　　・　③ 신호

  9 しんごう　　　・　　　　　　　・　④ 교차로, 사거리

  10 こむ　　　　　・　　　　　　　・　⑤ 모퉁이

DAY1
데일리 테스트
정답

1 ① 안전하다　**2** ② 차　**3** ① 전차, 전철　**4** ② (교통수단을) 타다　**5** ② 출구
6 ④　**7** ②　**8** ⑤　**9** ③　**10** ①

DAY 2 취미와 여가

📢 예문과 함께 적중 어휘를 외워 봅시다. 🔊 MP3 1-4-2

01
りょこう
旅行する
명 여행하다

ヨーロッパを ひとりで ✏️旅行 した。
유럽을 혼자서 여행했다.

02
⑰⑲
さんぽする
명 산책하다

まいあさ
毎朝、そふは 公園を さんぽ します。
こうえん
매일 아침 할아버지는 공원을 산책합니다.

03
はなし
話
명 이야기

わたし
私の 話 を 聞いて ください。
き
저의 이야기를 들어 주세요.

04
⑯
ひく
동 악기를 연주하다,
켜다, 치다

ピアノを ひく のは むずかしいです。
피아노를 치는 것은 어렵습니다.

05
す
好きだ
ナ 좋아하다

ちち
父は ラーメンが 好きです 。
아버지는 라면을 좋아합니다.
➕ 大好きだ (だいすきだ) ナ 매우 좋아하다

06
きらいだ
ナ 싫어하다

わたし
私は あまい コーヒーが きらいです 。
저는 단 커피를 싫어합니다.

---

07 おんがく **音楽** 圏음악	✏️音楽 を 聞くのは とても たのしいです。 음악을 듣는 것은 매우 즐겁습니다.
08 えい が **映画** 圏영화	にちようび ご ご 日曜日の 午後、 映画 を 見に 行きます。 일요일 오후 영화를 보러 갑니다.
09 うた **歌** 圏노래	かのじょ こえ うた 彼女は うつくしい 声で 歌 を 歌いました。 그녀는 아름다운 목소리로 노래를 불렀습니다.
10 **え** 圏그림	あした こうえん い 明日 みんなで 公園へ 行って、 え を かき ましょう。 내일 모두 함께 공원에 가서 그림을 그립시다. ⊕ えを かく 그림을 그리다
11 **はなび** 圏불꽃놀이	くら 暗く なったら すぐ はなび が はじまりま すよ。 어두워지면 바로 불꽃놀이가 시작돼요. ⊕ はなみ 圏꽃구경
12 **へただ** ㉒ ナ못하다, 서툴다	おんがく き す うた 音楽を 聞くのは 好きですが、歌は へたです 。 음악을 듣는 것은 좋아하지만, 노래는 못합니다.
13 **じょうずだ** ⑰ ナ잘하다, 능숙하다	あね 姉は ギターを ひく ことが じょうずです 。 언니(누나)는 기타를 치는 것이 능숙합니다.

14	けしき 명경치	目の前に ある ✏けしき は とても うつくしかった。 눈 앞에 있는 경치는 매우 아름다웠다.
15	水泳する 명수영하다	夏には 水泳 を します。 여름에는 수영을 합니다. ≒ 泳ぐ (およぐ)통 수영하다
16	やきゅう 명야구	来週 やきゅう を 見に 行く 予定です。 다음 주에 야구를 보러 갈 예정입니다.
17	れんしゅうする 명연습하다	毎日 日本語で 話す れんしゅう を して います。 매일 일본어로 말하는 연습을 하고 있습니다.
18	しあいする 명시합하다	私 は 彼と テニスの しあい を した。 나는 그와 테니스 시합을 했다.
19	しゅみ 명취미	まんがを 読むのが 私の しゅみ です。 만화를 읽는 것이 저의 취미입니다.
20	はしる 통달리다	はしる ことは 体に いいから 毎日 公園を はしって います。 달리는 것은 몸에 좋아서 매일 공원을 달리고 있습니다.

DAY 2 데일리 테스트

● 단어의 읽는 법을 고르고, 밑줄에 뜻을 써 보세요.

1 音楽   ① おんがく   ② おんかく   ＿＿＿＿＿

2 歌   ① え   ② うた   ＿＿＿＿＿

3 旅行   ① りょこう   ② りょうこう   ＿＿＿＿＿

4 話   ① ことば   ② はなし   ＿＿＿＿＿

5 水泳   ① すいえい   ② すいえ   ＿＿＿＿＿

● 단어의 뜻을 찾아 줄을 그어 보세요.

6 さんぽ   ・   ・ ① 잘하다, 능숙하다

7 ひく   ・   ・ ② 악기를 연주하다, 켜다, 치다

8 じょうずだ   ・   ・ ③ 산책

9 はしる   ・   ・ ④ 싫어하다

10 きらいだ   ・   ・ ⑤ 달리다

DAY2
데일리 테스트
정답
    1 ① 음악   **2** ② 노래   **3** ① 여행   **4** ② 이야기   **5** ① 수영
    6 ③   **7** ②   **8** ①   **9** ⑤   **10** ④

🚩 예문과 함께 적중 어휘를 외워 봅시다.   🔊 MP3 1-4-3

---

01 しごと ⑲
명 일

昨日は おそくまで ✏しごと を しました。
어제는 늦게까지 일을 했습니다.

---

02 けんきゅうする
명 연구하다

私は 歌舞伎を けんきゅう して います。
저는 가부키를 연구하고 있습니다.

---

03 会議する
명 회의하다

明日の 会議 には しゅっせきします。
내일 회의에는 출석하겠습니다.

---

04 まにあう
동 시간에 맞게
당도하다

タクシーに 乗りましたから 約束の 時間に
まにあいました 。
택시를 탔기 때문에 약속 시간에 늦지 않고 도착했
습니다.

---

05 待つ
동 기다리다

すぐ 行きますから 公園で 待って いて
ください。
바로 갈 테니까 공원에서 기다리고 있으세요.

---

06 いそぐ
동 서두르다

いそがないで ください。
서두르지 마세요.

---

07 こうじょう **工場** 명 공장	彼は 🖉工場 で 働いて います。 그는 공장에서 일하고 있습니다.
08 けんがく **見学**する 명 견학 하다	今日の 午後、この 町を 見学 します。 오늘 오후에 이 마을을 견학하겠습니다.
09 **じむしょ** 명 사무소, 사무실	じむしょ は 5かいに あります。 사무실은 5층에 있습니다.
10 N4 ㉒ **うけつけ** 명 접수(처)	かさを 忘れた 人は 1かいの うけつけ に 来て ください。 우산을 잊은 사람은 1층 접수처로 오세요.
11 **つたえる** 동 전하다, 전달하다	自分の 気持ちを つたえる のは むずかしい。 자신의 기분을 전달하는 것은 어렵다.
12 も **持つ** 동 가지다, 들다	にもつは ホテルの 人が へやに 持って 行きます。 짐은 호텔 직원이 방으로 들고 갈 것입니다.
13 **すすむ** 동 나아가다, 진행되다	仕事が なかなか すすみません 。 일이 좀처럼 진행되지 않습니다.

14	もんだい 問題 **名** 문제	この ✎問題 は かんたんでは ない。 이 문제는 간단하지 않다.
15	かみ 紙 **名** 종이	コピー用の 紙 を 買って きます。 복사용 종이를 사 오겠습니다.
16	おす **동** 누르다	ボタンを おす と ドアが 開きます。 버튼을 누르면 문이 열립니다. ⟷ ひく **동** 당기다
17	おぼえる N4 ⑱⑳ **동** 외우다, 기억하다	私 は 人の 名前を おぼえる のが へたです。 저는 사람 이름을 외우는 것이 서툽니다.
18	こまる **동** 곤란하다	おそい 時間に 駅に 着いて こまりました。 늦은 시간에 역에 도착해서 곤란했습니다.
19	できる **동** 가능하다, 생기다	彼はじょうずに 英語を 話す ことが できます。 그는 능숙하게 영어를 말할 수 있습니다.
20	かんたんだ **ナ** 간단하다, 쉽다	お金を 使う ことは とても かんたんです。 돈을 쓰는 것은 매우 간단합니다.

DAY 3 데일리 테스트

- 단어의 읽는 법을 고르고, 밑줄에 뜻을 써 보세요.

  1 紙　　　① がみ　　　② かみ　　　＿＿＿＿＿

  2 待つ　　　① まつ　　　② もつ　　　＿＿＿＿＿

  3 会議　　　① かいき　　　② かいぎ　　　＿＿＿＿＿

  4 問題　　　① もんだい　　　② しつもん　　　＿＿＿＿＿

  5 持つ　　　① まつ　　　② もつ　　　＿＿＿＿＿

- 단어의 뜻을 찾아 줄을 그어 보세요.

  6 かんたんだ　・　　　　　　・ ① 시간에 맞게 당도하다

  7 まにあう　・　　　　　　・ ② 곤란하다

  8 いそぐ　・　　　　　　・ ③ 외우다, 기억하다

  9 こまる　・　　　　　　・ ④ 간단하다, 쉽다

  10 おぼえる　・　　　　　　・ ⑤ 서두르다

DAY3
데일리 테스트
정답　　　**1** ② 종이　**2** ① 기다리다　**3** ② 회의　**4** ① 문제　**5** ② 들다, 가지다
　　　6 ④　**7** ①　**8** ⑤　**9** ②　**10** ③

DAY 4 자·타동사

1회 2회 3회

예문과 함께 적중 어휘를 외워 봅시다.

MP3 1-4-4

01	あ 開く **자동** 열리다	ドアが ✏開く 。 문이 열리다.
02	あ ⑪㉑ 開ける **타동** 열다	ドアを 開ける 。 문을 열다.
03	⑰ しまる **자동** 닫히다	ドアが しまる 。 문이 닫히다.
04	N4㉑ しめる **타동** 닫다	ドアを しめる 。 문을 닫다.
05	で ⑰㉑㉒ 出る **자동** 나가다, 나오다	そと 外に 出る 。 밖으로 나오다.
06	だ ㉒ 出す **타동** 꺼내다, (리포트를) 제출하다	レポートを 出す 。 리포트를 제출하다.

07

つく
자동 (불이) 켜지다

でんきが つく 。
불이 켜지다.

08

つける
타동 (불을) 붙이다,
(스위치를) 켜다

でんきを つける 。
불을 켜다.

09

ならぶ
자동 줄 서다, 늘어서다

子どもたちが ならぶ 。
아이들이 줄을 서다.

10

ならべる
타동 줄을 세우다,
늘어놓다

さらを ならべる 。
접시를 진열하다.

11

入る
はい ⑰㉑㉒
자동 들어가다,
들어오다

むしが 家の 中に 入る 。
벌레가 집 안으로 들어오다.

12

入れる
い
타동 넣다

いぬを 家の 中に 入れる 。
강아지를 집 안에 넣다.

13

始まる
はじ
자동 시작되다

じゅぎょうが 始まる 。
수업이 시작되다.

14

はじ
始める
타동 시작하다

じゅぎょうを 🖉始める 。
수업을 시작하다.

15

⑭⑮
わたる
자동 건너다

はしを わたる 。
다리를 건너다

16

わたす
타동 건네다

コピーを わたす 。
복사본을 건네다.

17

こわれる
자동 고장나다

テレビが こわれる 。
텔레비전이 고장나다.

18

こわす
타동 고장내다, 부수다

たてものを こわす 。
건물을 부수다.

19

われる
자동 깨지다

さらが われる 。
접시다 깨지다.

20

わる
타동 깨다

さらを わる 。
접시를 깨다.

● 단어의 뜻을 찾아 줄을 그어 보세요.

1 出る・ ・① 줄 서다, 늘어서다

2 ならぶ・ ・② 열리다

3 わたる・ ・③ 나가다, 나오다

4 開く・ ・④ 들어가다, 들어오다

5 入る・ ・⑤ 건너다

● 단어의 뜻을 찾아 줄을 그어 보세요.

6 わる・ ・① 꺼내다, (리포트를) 제출하다

7 入れる・ ・② 깨다

8 出す・ ・③ 닫다

9 しめる・ ・④ 넣다

10 つける・ ・⑤ (불을) 붙이다, (스위치를) 켜다

예문과 함께 적중 어휘를 외워 봅시다. 🔊 MP3 1-4-5

---

01 まっすぐ ⑱
곧장

この 道を ✎まっすぐ 行って ください。
이 길을 곧장 가세요.

---

02 すぐ
금방, 곧

電話が あったら すぐ 行きます。
전화가 오면 바로 가겠습니다.

---

03 少し・ちょっと ⑱㉓
조금, 잠깐

少し 待って ください。
잠깐 기다려 주세요.

---

04 よく
자주, 잘

よく かぜを ひく。 자주 감기에 걸린다.
よく 聞いて ください。 잘 들으세요.

---

05 ときどき
가끔

ときどき カラオケへ 行きます。
가끔 노래방에 갑니다.

---

06 いつも
언제나, 항상

父は いつも いそがしいです。
아버지는 언제나 바쁩니다.

---

07 ⑲ N4 ㉒ **ずっと** 훨씬	レストランより 母の 料理が ✏ずっと おいしい。 레스토랑보다 어머니의 요리가 훨씬 맛있다. ⊕ ずっと는 '계속, 쭉'이라는 의미도 가지고 있음
08 **先に** 먼저	**先に** しつれいします。 먼저 실례하겠습니다.
09 **いつ** 언제	**いつ** かえりますか。 언제 집에 갑니까?
10 **どう・ どうやって** 어떻게	東京駅まで **どうやって** 行きますか。 도쿄역까지 어떻게 갑니까?
11 **どうして・ なぜ** 어째서, 왜	**どうして** 遅れましたか。 왜 늦었습니까?
12 **また** 또	**また** 会いましょう。 또 만납시다.
13 **まだ** 아직	**まだ** 食べて いません。 아직 안 먹었습니다.

| 14 | もう
이미, 벌써 | ✎もう 食べました。
이미 먹었습니다. |

もう 이미, 벌써

✎もう 食べました。
이미 먹었습니다.

もっと 더, 좀 더

もっと 大きい こえで 言って ください。
좀 더 큰 소리로 말해 주세요.

ゆっくり 천천히

もう少し ゆっくり 話して ください。
조금 더 천천히 이야기해 주세요.

はじめて 처음

はじめて パリへ 行きます。
처음 파리에 갑니다.

ちょうど 꼭, 마침, 정각

ちょうど 12時です。
정각 12시입니다.

あまり~ない 그다지 ~않다

あまり 好きでは あり ません 。
별로 좋아하지 않습니다.

ぜんぜん~ない 전혀 ~않다

ビールは ぜんぜん のみ ません 。
맥주는 전혀 마시지 않습니다.

- 단어의 뜻을 찾아 줄을 그어 보세요.

  1 よく   ・   ・ ① 곧장

  2 ずっと   ・   ・ ② 자주, 잘

  3 少し   ・   ・ ③ 훨씬

  4 もう   ・   ・ ④ 조금, 잠깐

  5 まっすぐ   ・   ・ ⑤ 이미, 벌써

- 단어의 뜻을 찾아 줄을 그어 보세요.

  6 あまり ~ない ・   ・ ① 금방, 곧

  7 ぜんぜん ~ない ・   ・ ② 천천히, 느긋하게

  8 すぐ   ・   ・ ③ 그다지 ~않다

  9 まだ   ・   ・ ④ 전혀 ~않다

  10 ゆっくり   ・   ・ ⑤ 아직

DAY 6 가타카나

🏳 히라가나를 보고 빈칸에 가타카나를 써 보세요. 🔊 MP3 1-4-6

01	アパート⑪⑭㉑	아파트	あぱーと ✏
02	アルバイト	아르바이트	あるばいと
03	エアコン㉒	에어컨	えあこん
04	エレベーター	엘리베이터	えれべーたー
05	カメラ⑮	카메라	かめら
06	カラオケ	노래방	からおけ
07	ケーキ⑭	케이크	けーき
08	コーヒー⑭	커피	こーひー
09	コピー	복사	こぴー
10	コンサート	콘서트	こんさーと

11	コンビニ	편의점	こんびに	✏
12	サービス	서비스	さーびす	
13	シャワー ⑩⑪㉑	샤워	しゃわー	
14	スーパー ㉓	슈퍼	すーぱー	
15	ズボン ⑭	바지	ずぼん	
16	チケット ㉒	티켓	ちけっと	
17	チョコレート ⑱	초콜릿	ちょこれーと	
18	テスト	시험	てすと	
19	ニュース	뉴스	にゅーす	
20	ネクタイ	넥타이	ねくたい	

21	ノート	노트	のーと	✏
22	バナナ⑰	바나나	ばなな	
23	ビール	맥주	びーる	
24	ビル	건물	びる	
25	プール⑯	수영장	ぷーる	
26	ペット	애완동물	ぺっと	
27	メートル⑲	미터	めーとる	
28	レストラン⑰	레스토랑	れすとらん	
29	レポート	리포트, 보고서	れぽーと	
30	ワイシャツ⑯	와이셔츠	わいしゃつ	

● 올바르게 표기된 가타카나를 고르고, 밑줄에 뜻을 써 보세요.

1 しゃわー   ① ツャワー   ② シャワー   _____

2 れすとらん   ① フスロウン   ② レストラン   _____

3 あぱーと   ① アパート   ② アプート   _____

4 ちょこれーと   ① チョコレート   ② ショユレート   _____

5 わいしゃつ   ① ワイシャツ   ② ウインャツ   _____

● 단어의 뜻을 찾아 줄을 그어 보세요.

6 コピー   ・   ・ ① 빌딩

7 ビール   ・   ・ ② 카피, 복사

8 ビル   ・   ・ ③ 애완동물

9 コンビニ   ・   ・ ④ 맥주

10 ペット   ・   ・ ⑤ 편의점

DAY6
데일리 테스트
정답
    1 ② 샤워   **2** ② 레스토랑   **3** ① 아파트   **4** ① 초콜릿   **5** ① 와이셔츠
    6 ②   **7** ④   **8** ①   **9** ⑤   **10** ③

실력 체크

한 주 동안 외운 단어를
점검해 봅시다!

✏️ 단어의 읽는 법과 의미를 써 봅시다.   🔊 MP3 1-4-1

단 어		단 어	
□ 車	읽는법 / 의 미	□ 出口	읽는법 / 의 미
□ じてんしゃ	읽는법 / 의 미	□ こむ	읽는법 / 의 미
□ じどうしゃ	읽는법 / 의 미	□ 降りる	읽는법 / 의 미
□ こうさてん	읽는법 / 의 미	□ ひこうき	읽는법 / 의 미
□ しんごう	읽는법 / 의 미	□ ふね	읽는법 / 의 미
□ 乗る	읽는법 / 의 미	□ はし	읽는법 / 의 미
□ ちかてつ	읽는법 / 의 미	□ かど	읽는법 / 의 미
□ 電車	읽는법 / 의 미	□ とおる	읽는법 / 의 미
□ きっぷ	읽는법 / 의 미	□ 止まる	읽는법 / 의 미
□ 入口	읽는법 / 의 미	□ 安全だ	읽는법 / 의 미

단어의 읽는 법과 의미를 써 봅시다. (◄) MP3 1-4-2

단 어		단 어	
□ 旅行	읽는법 / 의 미	□ はなび	읽는법 / 의 미
□ さんぽ	읽는법 / 의 미	□ へただ	읽는법 / 의 미
□ 話	읽는법 / 의 미	□ じょうずだ	읽는법 / 의 미
□ ひく	읽는법 / 의 미	□ けしき	읽는법 / 의 미
□ 好きだ	읽는법 / 의 미	□ 水泳	읽는법 / 의 미
□ きらいだ	읽는법 / 의 미	□ やきゅう	읽는법 / 의 미
□ 音楽	읽는법 / 의 미	□ れんしゅう	읽는법 / 의 미
□ 映画	읽는법 / 의 미	□ しあい	읽는법 / 의 미
□ 歌	읽는법 / 의 미	□ しゅみ	읽는법 / 의 미
□ え	읽는법 / 의 미	□ はしる	읽는법 / 의 미

단어의 읽는 법과 의미를 써 봅시다.　🔊 MP3 1-4-3

단 어		단 어	
□ しごと	읽는법 의 미	□ こたえる	읽는법 의 미
□ けんきゅう	읽는법 의 미	□ 持つ	읽는법 의 미
□ 会議	읽는법 의 미	□ すすむ	읽는법 의 미
□ まにあう	읽는법 의 미	□ 問題	읽는법 의 미
□ 待つ	읽는법 의 미	□ 紙	읽는법 의 미
□ いそぐ	읽는법 의 미	□ おす	읽는법 의 미
□ 工場	읽는법 의 미	□ おぼえる	읽는법 의 미
□ 見学	읽는법 의 미	□ こまる	읽는법 의 미
□ じむしょ	읽는법 의 미	□ できる	읽는법 의 미
□ うけつけ	읽는법 의 미	□ かんたんだ	읽는법 의 미

단어의 읽는 법과 의미를 써 봅시다. 🔊 MP3 1-4-4

단 어			단 어		
□ 開く	읽는법		□ 入る	읽는법	
	의 미			의 미	
□ 開ける	읽는법		□ 入れる	읽는법	
	의 미			의 미	
□ しまる	읽는법		□ 始まる	읽는법	
	의 미			의 미	
□ しめる	읽는법		□ 始める	읽는법	
	의 미			의 미	
□ 出る	읽는법		□ わたる	읽는법	
	의 미			의 미	
□ 出す	읽는법		□ わたす	읽는법	
	의 미			의 미	
□ つく	읽는법		□ こわれる	읽는법	
	의 미			의 미	
□ つける	읽는법		□ こわす	읽는법	
	의 미			의 미	
□ ならぶ	읽는법		□ われる	읽는법	
	의 미			의 미	
□ ならべる	읽는법		□ わる	읽는법	
	의 미			의 미	

✏️ 단어의 읽는 법과 의미를 써 봅시다.   🔊 MP3 1-4-5

단 어		단 어	
□ まっすぐ	읽는법	□ どうして· なぜ	읽는법
	의 미		의 미
□ すぐ	읽는법	□ また	읽는법
	의 미		의 미
□ 少し· ちょっと	읽는법	□ まだ	읽는법
	의 미		의 미
□ よく	읽는법	□ もう	읽는법
	의 미		의 미
□ ときどき	읽는법	□ もっと	읽는법
	의 미		의 미
□ いつも	읽는법	□ ゆっくり	읽는법
	의 미		의 미
□ ずっと	읽는법	□ はじめて	읽는법
	의 미		의 미
□ 先に	읽는법	□ ちょうど	읽는법
	의 미		의 미
□ いつ	읽는법	□ あまり〜 ない	읽는법
	의 미		의 미
□ どう· どうやって	읽는법	□ ぜんぜん 〜ない	읽는법
	의 미		의 미

✏️ 단어의 **가타카나** 표기와 **의미**를 써 봅시다.   🔊 MP3 1-4-6

단 어		단 어	
□ あぱーと	표 기 / 의 미	□ ちけっと	표 기 / 의 미
□ あるばいと	표 기 / 의 미	□ ちょこれーと	표 기 / 의 미
□ えあこん	표 기 / 의 미	□ てすと	표 기 / 의 미
□ えれべーたー	표 기 / 의 미	□ にゅーす	표 기 / 의 미
□ かめら	표 기 / 의 미	□ ねくたい	표 기 / 의 미
□ からおけ	표 기 / 의 미	□ のーと	표 기 / 의 미
□ けーき	표 기 / 의 미	□ ばなな	표 기 / 의 미
□ こーひー	표 기 / 의 미	□ びーる	표 기 / 의 미
□ こぴー	표 기 / 의 미	□ びる	표 기 / 의 미
□ こんさーと	표 기 / 의 미	□ ぷーる	표 기 / 의 미
□ こんびに	표 기 / 의 미	□ ぺっと	표 기 / 의 미
□ さーびす	표 기 / 의 미	□ めーとる	표 기 / 의 미
□ しゃわー	표 기 / 의 미	□ れすとらん	표 기 / 의 미
□ すーぱー	표 기 / 의 미	□ れぽーと	표 기 / 의 미
□ ずぼん	표 기 / 의 미	□ わいしゃつ	표 기 / 의 미

문제 1 _____의 단어는 히라가나로 어떻게 씁니까? 1·2·3·4 중 가장 알맞은 것을 하나 고르세요.

1 はやしさんの　車は　どこですか。 하야시 씨의 차는 어디에 있습니까?

1　かばん　　　2　くるま　　　3　みせ　　　4　いえ

2 さとうは　少し　あります。 설탕은 조금 있습니다.

1　すくし　　　2　すこし　　　3　すこっし　　4　すくっし

3 きむらさんも　いっしょに　入りましょう。 기무라 씨도 함께 들어갑시다.

1　いりましょう　　　　　　2　はいりましょう

3　すわりましょう　　　　　4　のりましょう

문제 2 _____의 단어는 어떻게 씁니까? 1·2·3·4에서 가장 알맞은 것을 하나 고르세요.

4 ここで　すこし　まって　ください。 여기에서 잠깐 기다려 주세요.

1　詩って　　　2　寺って　　　3　待って　　　4　持って

5 あした　えいがを　みに　いきましょう。 내일 영화를 보러 갑시다.

1　英画　　　2　映画　　　3　英語　　　4　映語

6 私の　はなしを　きいて　ください。 저의 이야기를 들어 주세요.

1　言　　　2　語　　　3　話　　　4　討

문제 3 ( )에 무엇을 넣습니까? 1·2·3·4에서 가장 알맞은 것을 하나 고르세요.

7 この　みちを　（　　　　）いって　ください。

이 길을 곧장 가세요.

1　いろいろ

2　だんだん

3　いっぱい

4　まっすぐ

8 としょかんは　5時に　（　　　　）。 도서관은 5시에 닫힙니다.

1　きえます

2　あがります

3　しまります

4　かえります

문제 4 _____의 문장과 대체로 같은 의미의 문장이 있습니다. 1·2·3·4에서 가장 알맞은 것을 하나 고르세요.

9 ともだちと　こうえんを　さんぽします。 친구와 공원을 산책합니다.

1　ともだちと　こうえんを　はしります。

2　ともだちと　こうえんを　あるきます。

3　ともだちと　こうえんを　はいります。

4　ともだちと　こうえんを　わたります。

✧ 날짜 읽기 ✧

• 월(月)

⊘ 어휘 옆 숫자는 기출 연도

1월	2월	3월	4월	5월
いちがつ 一月	にがつ 二月	さんがつ 三月	しがつ 四月 ㉒	ごがつ 五月
6월	7월	8월	9월	10월
ろくがつ 六月	しちがつ 七月	はちがつ 八月	くがつ 九月 ⑲	じゅうがつ 十月
11월	12월	몇 월		
じゅういちがつ 十一月	じゅうにがつ 十二月	なんがつ 何月		

• 요일(よう日)

월요일	화요일	수요일	목요일	금요일
げつようび 月よう日	かようび 火よう日 ⑯㉑	すいようび 水よう日	もくようび 木よう日 ⑰㉒	きんようび 金よう日 ㉑㉓
토요일	일요일	무슨 요일		
どようび 土よう日	にちようび 日よう日 ⑲	なんようび 何よう日		

• 일(日)

1일	2일	3일	4일	5일
ついたち 一日	ふつか 二日	みっか 三日	よっか 四日	いつか 五日 ㉒
6일	7일	8일	9일	10일
むいか 六日	なのか 七日	ようか 八日	ここのか 九日	とおか 十日
11일	12일	13일	14일	15일
じゅういちにち 十一日	じゅうににち 十二日	じゅうさんにち 十三日	じゅうよっか 十四日	じゅうごにち 十五日
16일	17일	18일	19일	20일
じゅうろくにち 十六日	じゅうしちにち 十七日	じゅうはちにち 十八日	じゅうくにち 十九日	はつか 二十日
21일	22일	23일	24일	25일
にじゅういちにち 二十一日	にじゅうににち 二十二日	にじゅうさんにち 二十三日	にじゅうよっか 二十四日	にじゅうごにち 二十五日
26일	27일	28일	29일	30일
にじゅうろくにち 二十六日	にじゅうしちにち 二十七日	にじゅうはちにち 二十八日	にじゅうくにち 二十九日	さんじゅうにち 三十日
31일	며칠			
さんじゅう いちにち 三十一日	なんにち 何日			

• 오늘과 관련된 시간 표현

재작년	작년	올해	내년	내후년
おととし ⑪⑭ (一昨年)	きょねん 去年	ことし 今年	らいねん ㉓ 来年	さらいねん (再来年)
지지난달	지난달	이번 달	다음 달	다다음달
せんせんげつ (先々月)	せんげつ 先月 ⑱	こんげつ 今月 ⑮	らいげつ 来月 ⑯	さらいげつ (再来月)
지지난주	지난주	이번주	다음주	다다음주
せんせんしゅう (先々週)	せんしゅう 先週 ⑲	こんしゅう 今週 ㉒	らいしゅう 来週	さらいしゅう (再来週)
그저께	어제	오늘	내일	내일모레
おととい ⑱ (一昨日)	きのう 昨日	きょう 今日 ⑰	あした 明日	あさって (明後日)

✿ 가족 ✿

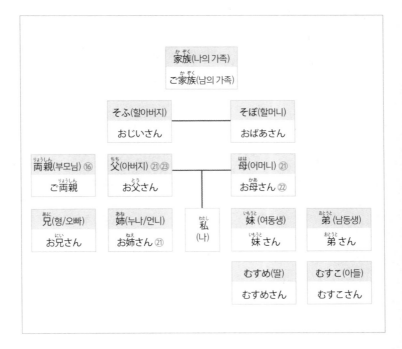

家族(나의 가족)

ご家族(남의 가족)

	そふ(할아버지)	そぼ(할머니)
	おじいさん	おばあさん

両親(부모님) ⑯ ／ 父(아버지) ㉑㉓ ／ 母(어머니) ㉑

ご両親 ／ お父さん ／ お母さん ㉒

兄(형/오빠)	姉(누나/언니)	私(나)	妹(여동생)	弟(남동생)
お兄さん	お姉さん ㉑		妹さん	弟さん

		むすめ(딸)	むすこ(아들)
		むすめさん	むすこさん

✬ 개수 세기 ✬

☑ 어휘 옆 숫자는 기출 연도

구분	~つ ~개 [사물]	~こ(個) ~개 [사물]	~にん(人) ~명 [사람]	~はい(杯) ~잔 [컵]	~ひき(匹) ~마리 [작은 동물]	~ほん(本) ~자루, ~병 [가늘고 긴 것]
1 (一)	ひとつ	いっこ	ひとり	いっぱい	いっぴき	いっぽん
2 (二)	ふたつ	にこ	ふたり	にはい	にひき ㉓	にほん
3 (三)	みっつ ⑯	さんこ	さんにん	さんばい	さんびき	さんぼん
4 (四)	よっつ	よんこ	よにん	よんはい	よんひき	よんほん
5 (五)	いつつ	ごこ	ごにん	ごはい	ごひき	ごほん
6 (六)	むっつ	ろっこ	ろくにん	ろっぱい	ろっぴき	ろっぽん
7 (七)	ななつ	ななこ	ななにん/ しちにん	ななはい	ななひき	ななほん
8 (八)	やっつ	はっこ/ はちこ	はちにん	はっぱい	はっぴき	はっぽん/ はちほん
9 (九)	ここのつ	きゅうこ	きゅうにん	きゅうはい	きゅうひき	きゅうほん
10 (十)	とお	じゅっこ じっこ	じゅうにん	じゅっぱい じっぱい	じゅっぴき じっぴき	じゅっぽん じっぽん
몇 (何)	いくつ	なんこ	なんにん	なんばい	なんびき	なんぼん

구분	~さい(歳) ~살 [나이]	~さつ(冊) ~권 [책]	~かい(階) ~층 [건물]	~かい(回) ~회 [횟수]	~まい(枚) ~장 [천, 종이]	~だい(台) ~대 ㉑ [자동차/전자제품]
1 (一)	いっさい	いっさつ	いっかい	いっかい	いちまい	いちだい
2 (二)	にさい	にさつ	にかい	にかい	にまい	にだい
3 (三)	さんさい	さんさつ	さんがい	さんかい	さんまい	さんだい
4 (四)	よんさい	よんさつ	よんかい	よんかい	よんまい	よんだい
5 (五)	ごさい	ごさつ	ごかい	ごかい	ごまい	ごだい
6 (六)	ろくさい	ろくさつ	ろっかい	ろっかい	ろくまい	ろくだい
7 (七)	ななさい	ななさつ	ななかい	ななかい	ななまい	ななだい
8 (八)	はっさい	はっさつ	はっかい /はちかい	はっかい /はちかい	はちまい	はちだい
9 (九)	きゅうさい	きゅうさつ	きゅうかい	きゅうかい	きゅうまい	きゅうだい
10 (十)	じゅっさい じっさい	じゅっさつ じっさつ	じゅっかい じっかい	じゅっかい じっかい	じゅうまい	じゅうだい
몇 (何)	なんさい	なんさつ	なんがい	なんかい	なんまい	なんだい

✩ 금액 읽기 ✩

一円	いちえん	八十円	はちじゅうえん	六千円	ろくせんえん
二円	にえん	九十円	きゅうじゅうえん	七千円	ななせんえん ㉑
三円	さんえん	百円	ひゃくえん	八千円	はっせんえん
四円	よえん	二百円	にひゃくえん	九千円	きゅうせんえん
五円	ごえん	三百円	さんびゃくえん	一万円	いちまんえん
六円	ろくえん	四百円	よんひゃくえん	二万円	にまんえん
七円	ななえん	五百円	ごひゃくえん	三万円	さんまんえん
八円	はちえん	六百円	ろっぴゃくえん	四万円	よんまんえん
九円	きゅうえん	七百円	ななひゃくえん	五万円	ごまんえん
十円	じゅうえん	八百円	はっぴゃくえん	六万円	ろくまんえん
二十円	にじゅうえん	九百円	きゅうひゃくえん	七万円	ななまんえん
三十円	さんじゅうえん	千円	せんえん	八万円	はちまんえん
四十円	よんじゅうえん	二千円	にせんえん	九万円	きゅうまんえん
五十円	ごじゅうえん	三千円	さんぜんえん	百万円	ひゃくまんえん
六十円	ろくじゅうえん	四千円	よんせんえん		
七十円	ななじゅうえん	五千円	ごせんえん ㉓	얼마	いくら

✤ 시간 읽기 ✤

• 시(時)

1시	2시	3시	4시	5시
いちじ 一時	にじ 二時	さんじ 三時	よじ 四時 ㉓	ごじ 五時
6시	**7시**	**8시**	**9시**	**10시**
ろくじ 六時	しちじ 七時	はちじ 八時	くじ 九時 ⑮	じゅうじ 十時
11시	**12시**	**몇 시**	**몇 시간**	
じゅういちじ 十一時	じゅうにじ 十二時	なんじ 何時	なんじかん 何時間	

• 분(分)

1분	2분	3분	4분	5분
いっぷん 一分	にふん 二分	さんぷん 三分	よんぷん 四分	ごふん 五分 ㉑
6분	**7분**	**8분**	**9분**	**10분**
ろっぷん 六分 ⑱	ななふん 七分	はっぷん/ はちふん 八分	きゅうふん 九分	じゅっぷん/ じっぷん 十分
11분	**12분**	**30분**	**반**	**몇 분**
じゅういっぷん 十一分	じゅうにふん 十二分	さんじゅっぷん /さんじっぷん 三十分	はん 半	なんぷん 何分

1 명사문의 패턴

구분	보통체(반말)		정중체	
긍정	本^{ほん}だ	책이다	本^{ほん}です	책입니다
부정	本^{ほん}では ない	책이 아니다	本^{ほん}では ありません では ないです	책이 아닙니다
과거	本^{ほん}だった	책이었다	本^{ほん}でした だったです(X)	책이었습니다
과거 부정	本^{ほん}では なかった	책이 아니었다	本^{ほん}では ありませんでした では なかったです	책이 아니었습니다

✅ では는 じゃ로 교체할 수 있으며, 회화에서는 じゃ를 더 많이 사용한다.

✅ ありません은 ないです로 교체 할 수 있다.

✅ ありませんでした는 なかったです로 교체할 수 있다.

2 い형용사의 패턴

구분	보통체(반말)		정중체	
긍정	やすい	싸<u>다</u>	やすいです	쌉<u>니다</u>
부정	やすく ない	싸<u>지 않다</u>	やすく ありません 　　 く ないです	싸<u>지 않습니다</u>
과거	やすかった	쌌<u>다</u>	やすかったです 　　 でした(X)	쌌<u>습니다</u>
과거 부정	やすく なかった	싸<u>지 않았다</u>	やすく ありませんでした 　　 く なかったです	싸<u>지 않았습니다</u>

3 いい・よい(좋다)의 활용

구분	보통체(반말)		정중체	
긍정	いい・よい	좋<u>다</u>	いいです・よいです	좋<u>습니다</u>
부정	よく ない	좋<u>지 않다</u>	よく ありません よく ないです	좋<u>지 않습니다</u>
과거	よかった	좋<u>았다</u>	よかったです	좋<u>았습니다</u>
과거 부정	よく なかった	좋<u>지 않았다</u>	よく ありませんでした よく なかったです	좋<u>지 않았습니다</u>

✅ '좋다'라는 い형용사는 いい 혹은 よい라고 하는데, 활용할 때에는 꼭 よい를 사용한다.

4 な형용사의 패턴

구분	보통체(반말)		정중체	
긍정	すきだ	좋아하<u>다</u>	すきです	좋아합<u>니다</u>
부정	すきではない	좋아하<u>지 않다</u>	すきではありません ではないです	좋아하지 않습 <u>니다</u>
과거	すきだった	좋아<u>했다</u>	すきでした	좋아<u>했습니다</u>
과거 부정	すきではなかっ た	좋아하<u>지 않았</u> <u>다</u>	すきではありませんでした ではなかったです	좋아하<u>지 않았</u> <u>습니다</u>

⊘ では는 じゃ로 교체할 수 있으며, 회화에서는 じゃ를 더 많이 사용한다.

⊘ ありません은 ないです로 교체할 수 있다.

⊘ ありませんでした는 なかったです로 교체할 수 있다.

5 동사의 특징과 분류

⊕ 동사의 특징: 동사는 1그룹, 2그룹, 3그룹으로 나뉘며, 항상 う단으로 끝난다.

う단	う	く	ぐ	す	つ	ぬ	ぶ	む	る
	u	ku	gu	su	tsu	nu	bu	mu	ru

⊕ 동사의 분류: 3그룹 ➡ 2그룹 ➡ 1그룹 순으로 외우면 쉽다.

1그룹 동사	⊘ う단으로 끝난다. ⊘ 2그룹과 3그룹을 제외한 동사	예 かう 사다 | たつ 서다 | のる 타다 のむ 마시다 | あそぶ 놀다 | かく 쓰다 いそぐ 서두르다 | はなす 말하다 ⊕ **긴급처방!** 예외 1그룹 동사: 2그룹인 것 같지만 1그룹인 동사 예 かえる 돌아가(오)다 | しる 알다 | はいる 들어가(오) 다 | はしる 달리다 | きる 자르다 | いる 필요하다
2그룹 동사	⊘ る로 끝나고 ⊘ る앞에 い・え단 이 오는 동사	예 みる 보다 | ねる 자다 | おきる 일어나다
3그룹 동사	⊘ 불규칙 동사 (두 개뿐이다)	예 する 하다 | くる 오다

6 동사의 정중형(ます형) 만드는 법

동사 종류	접속 방법	사전형	ます형	예
1그룹 동사	어미 う단 →い단 + ます	買う 사다 立つ 서다 飲む 마시다 書く 쓰다 遊ぶ 놀다 話す 말하다 切る 자르다 **예외 1그룹**	買い 立ち 飲み 書き 遊び 話し 切り	買います 삽니다 立ちます 섭니다 飲みます 마십니다 書きます 씁니다 遊びます 놉니다 話します 말합니다 切ります 자릅니다
2그룹 동사	어미 る + ます	見る 보다 寝る 자다	見 寝	見ます 봅니다 寝ます 잡니다
3그룹 동사	불규칙 동사	する 하다 くる 오다	し き	します 합니다 きます 옵니다

✅ 보통 동사의 ます형이라고 하면 ます를 붙이기 전 형태를 말한다.

7 정중체 ます(~ㅂ니다)의 활용

구분	ます의 활용		예문
긍정	ます	~합니다	コーヒーを のみます。 커피를 마십니다.
부정	ません	~하지 않습니다	コーヒーを のみません。 커피를 마시지 않습니다.
과거	ました	~했습니다	コーヒーを のみました。 커피를 마셨습니다.
과거 부정	ませんでした	~하지 않았습니다	コーヒーを のみませんでした。 커피를 마시지 않았습니다.
권유	ましょう ませんか	~합시다 ~하지 않을래요?	コーヒーを のみましょう。 커피를 마십시다. コーヒーでも のみませんか。 커피라도 마시지 않을래요?

8 동사의 연결형(て형) 만드는 법

동사 종류	접속 방법	사전형	て형 (~하고, 해서)
1그룹 동사	う つ → って る	買う 사다 立つ 서다 乗る 타다	買って 사고/사서 立って 서고/서서 乗って 타고/타서
	ぬ む → んで ぶ	死ぬ 죽다 飲む 마시다 遊ぶ 놀다	死んで 죽고/죽어서 飲んで 마시고/마셔서 遊んで 놀고/놀아서
	く → いて ぐ → いで	書く 쓰다 急ぐ 서두르다 **예외** 行く 가다	書いて 쓰고/써서 急いで 서두르고/서둘러서 行って 가고/가서 行いて (X)
	す → して	話す 말하다	話して 말하고/말해서
2그룹 동사	る → て	見る 보다 寝る 자다	見て 보고/봐서 寝て 자고/자서
3그룹 동사	불규칙 동사	する 하다 くる 오다	して 하고/해서 きて 오고/와서

✅ 行く의 て형은 行いて가 아니라 行って로 바뀐다.

9 동사의 과거형(た형)·나열(たり)만드는 법

동사 종류	접속 방법	사전형	た형(~했다)	たり형(~하거나)
1그룹 동사	う つ → った/ったり る	買う 사다 立つ 서다 乗る 타다	買った 샀다 立った 섰다 乗った 탔다	買ったり 사거나 立ったり 서거나 乗ったり 타거나
	ぬ む → んだ/んだり ぶ	死ぬ 죽다 飲む 마시다 遊ぶ 놀다	死んだ 죽었다 飲んだ 마셨다 遊んだ 놀았다	死んだり 죽거나 飲んだり 마시거나 遊んだり 놀거나
	く → いた/いたり ぐ → いだ/いだり	書く 쓰다 急ぐ 서두르다 **예외** 行く 가다	書いた 썼다 急いだ 서둘렀다 行った 갔다 ~~行いた~~(X)	書いたり 쓰거나 急いだり 서두르거나 行ったり 가거나 ~~行いたり~~(X)
	す → した/したり	話す 말하다	話した 말했다	話したり 말하거나
2그룹 동사	る → た/たり	見る 보다 寝る 자다	見た 봤다 寝た 잤다	見たり 보거나 寝たり 자거나
3그룹 동사	불규칙 동사	する 하다 くる 오다	した 했다 きた 왔다	したり 하거나 きたり 오거나

10 동사의 ない형(부정형) 만드는 법

동사 종류	접속 방법	사전형	ない형	예
1그룹 동사	어미 う단 →あ단 + ない	立^たつ 서다 死^しぬ 죽다 飲^のむ 마시다 書^かく 쓰다 遊^{あそ}ぶ 놀다 話^{はな}す 말하다 切^きる 자르다 **예외 1그룹** **예외** 会^あう 만나다	立^たた 死^しな 飲^のま 書^かか 遊^{あそ}ば 話^{はな}さ 切^きら 会^あわ 会^ああ	立^たたない 서지 않다 死^しなない 죽지 않다 飲^のまない 마시지 않다 書^かかない 쓰지 않다 遊^{あそ}ばない 놀지 않다 話^{はな}さない 말하지 않다 切^きらない 자르지 않다 会^あわない 만나지 않다 会^ああない (X)
2그룹 동사	어미 る + ない	見^みる 보다 寝^ねる 자다	見^み 寝^ね	見^みない 보지 않다 寝^ねない 자지 않다
3그룹 동사	불규칙 동사	する 하다 くる 오다	し こ	しない 하지 않다 こない 오지 않다

✅ 会^あう처럼 う로 끝나는 동사는 会^ああない가 아니라 会^あわない로 바뀐다.

진짜 한 권으로 끝내는

시원스쿨어학연구소 지음

JLPT 기출단어장

N4

1 주 째

よっし、
やってみようぜ！

🚩 예문과 함께 적중 어휘를 외워 봅시다. 🔊 MP3 2-1-1

01 えき 駅 ⑪ **명** 역	✏️駅 から ホテルまで 歩いて 行きました。 역에서 호텔까지 걸어서 갔습니다.
02 しょくどう 食堂 ㉑ **명** 식당	今日は 食堂 が こんで いました。 오늘은 식당이 붐볐습니다.
03 と かい 都会 ⑱ **명** 도회, 도시	妹 は 都会 で 生活したいと 言って います。 여동생은 도시에서 생활하고 싶다고 합니다.
04 ば しょ 場所 ⑪ **명** 장소	会議の 場所 を 教えて ください。 회의 장소를 가르쳐 주세요.
05 ちか 近い ㉑ **イ** 가깝다	ホテルは 空港から 近い です。 호텔은 공항에서 가깝습니다.
06 とお 遠い ⑩⑮㉑ **イ** 멀다	私 の アパートは 駅から 遠い です。 저의 아파트는 역에서 멉니다. ➕ 遠く (とおく) **명** 먼 곳 **부** 멀리

07 うば **売り場** **명** 매장 ⑭	おもちゃ ✏️売り場 は どこですか。 장난감 매장은 어디입니까?
08 こうじょう **工場** **명** 공장 ⑬㉓	かれ 彼は 工場 で 働いて います。 그는 공장에서 일하고 있습니다.
09 ほんや **本屋** **명** 책방, 서점 ⑭	ちか きっさてん 本屋 の 近くの 喫茶店で コーヒーを の 飲んで います。 서점 근처 커피숍에서 커피를 마시고 있습니다.
10 みなと **港** **명** 항구 ⑪	み この まどから 港 が 見えます。 이 창문에서 항구가 보입니다.
11 りょかん **旅館** **명** 여관 ⑩⑲	いちばん ふる 一番 古い 旅館 に とまりました。 가장 오래된 여관에 묵었습니다.
12 ひろ **広い** **イ** 넓다	こ う 子どもが 生まれたので、 広い 家に ひっこしました。 아이가 태어나서 넓은 집으로 이사했습니다.
13 ふる **古い** **イ** 오래되다	うち まえ 家の 前に 古い おてらが あります。 집 앞에 오래된 절이 있습니다.

14
あいだ
間
ᴍ동안, 사이

休みの ✏間、毎日 友だちと サッカーを
しました。
쉬는 동안 매일 친구와 축구를 했습니다.

15　⑬⑭㉒
きんじょ
近所
ᴍ근처

毎朝 近所 の 公園で ジョギングを して
います。
매일 아침 근처 공원에서 조깅을 하고 있습니다.
⊕ 近く (ちかく) ᴍ근처

16　⑩⑪⑬⑭
おく
送る
ᴛ보내다

国の 両親に 手紙を 送りました 。
고국에 계신 부모님께 편지를 보냈습니다.

17　⑮㉓
つ
着く
ᴛ도착하다

ホテルに 着いて から 散歩に 行きました。
호텔에 도착하고 나서 산책하러 갔습니다.

18　⑪⑬⑮㉓
ま
待つ
ᴛ기다리다

友だちが 来るのを 待って います。
친구가 오는 것을 기다리고 있습니다.

19
にぎやかだ
ナ떠들썩하다,
번화하다

今日は おまつりで、町が にぎやかです 。
오늘은 축제로 동네가 떠들썩합니다.

20　⑫
しず
静かだ
ナ조용하다

図書館の 中は とても 静かです 。
도서관 안은 매우 조용합니다.

- 단어의 읽는 법이나 쓰는 법을 고르고, 밑줄에 뜻을 써 보세요.

  1 遠い   ① とおい   ② ちかい   _____

  2 港   ① みずうみ   ② みなと   _____

  3 まつ   ① 待つ   ② 持つ   _____

  4 しずかだ   ① 静かだ   ② 清かだ   _____

  5 おくる   ① 近る   ② 送る   _____

- 단어의 뜻을 찾아 줄을 그어 보세요.

  6 広い   ·   · ① 매장

  7 売り場   ·   · ② 넓다

  8 都会   ·   · ③ 도회, 도시

  9 間   ·   · ④ 오래되다

  10 古い   ·   · ⑤ 사이

**DAY1
데일리 테스트
정답**

1 ① 멀다   **2** ② 항구   **3** ① 기다리다   **4** ① 조용하다   **5** ② 보내다
6 ②   **7** ①   **8** ③   **9** ⑤   **10** ④

🏳 예문과 함께 적중 어휘를 외워 봅시다.　 MP3 2-1-2

01 はな 花 **명** 꽃	テーブルの 上^{うえ}に 🖊花 を かざりました。 테이블 위에 꽃을 장식했습니다.
02 いし ⑪ 石 **명** 돌	くつに 石 が 入^{はい}って いました。 구두에 돌이 들어 있었습니다.
03 いけ 池 **명** 연못	公園^{こうえん}の 中央^{ちゅうおう}に 池 が あります。 공원 중앙에 연못이 있습니다.
04 くうき 空気 **명** 공기	空気 が あたたかく なった。 공기가 따뜻해졌다.
05 ひか ⑫⑱ 光る **동** 빛나다	ダイヤモンドが 光って います。 다이아몬드가 빛나고 있습니다.
06 ⑫⑭ よごれる **동** 때 묻다, 더러워지다	この テーブルは よごれて いますね。 이 테이블은 더러워져 있네요.

07 はやし **林** ^⑭ 圀 (작은 범위의) 숲, 수풀	友だちと 近くの ✎林 へ 行く つもりです。 친구와 근처 숲에 갈 생각입니다.
08 もり **森** ^⑫ 圀 (큰 범위의) 숲, 삼림	あの 森 には 鳥が たくさん います。 저 숲에는 새가 많이 있습니다.
09 **みずうみ** 圀 호수	窓を 開けると みずうみ から すずしい 風が 入って きました。 창문을 열자 호수에서 시원한 바람이 들어왔습니다. ➕ 海 (うみ) 圀 바다
10 あか **明るい** ^⑫ 🔒 밝다	あの 小さい 星が 一番 明るい です。 저 작은 별이 가장 밝습니다.
11 くら **暗い** ^{⑬⑭⑱⑲⑳㉒} 🔒 어둡다	暗い 道を 一人で 歩くのは こわいです。 어두운 길을 혼자서 걷는 것은 무섭습니다.
12 **あさい** ^{⑫㉒} 🔒 얕다	この 川は あさい から 歩いて わたれる。 이 냇가는 얕아서 걸어서 건널 수 있다.
13 **ふかい** ^{⑮㉑} 🔒 깊다	この 川は ふかい ので あぶないです。 이 냇가는 깊어서 위험합니다.

14 どうぶつ
動物
명 동물

ライオンは ✐動物 の 王さまです。
사자는 동물의 왕입니다.

---

15 しょくぶつ
植物
명 식물

この 庭は いろいろな 植物 が あります。
이 정원에는 여러 식물이 있습니다.

---

16 けしき ⑫
景色
명 경치

この 町は 山も 川も あって、 景色 が
とても いいです。
이 마을은 산도 강도 있어서, 경치가 매우 좋습니다.

---

17 は
葉
명 잎, 잎사귀

葉 の色が 変わりました。
잎의 색깔이 바뀌었습니다.

---

18 むし
虫
명 벌레

私は 本当に 虫 が きらいで 見るのも いや
です。
저는 정말 벌레가 싫어서 보는 것도 싫습니다.

---

19 うつく ⑬
美しい
ィ 아름답다

ピンクの バラは 美しい です。
핑크색 장미꽃은 아름답습니다.

---

20 う
植える
동 심다

母は 庭に 花を 植える のに 忙しいです。
어머니는 정원에 꽃을 심는데 바쁩니다.

- 단어의 읽는 법이나 쓰는 법을 고르고, 밑줄에 뜻을 써 보세요.

  1 石　　　　① いけ　　　② いし　　　　＿＿＿＿＿

  2 くらい　　① 明い　　　② 暗い　　　　＿＿＿＿＿

  3 動物　　　① どうぶつ　② しょくぶつ　＿＿＿＿＿

  4 光る　　　① ひかる　　② うえる　　　＿＿＿＿＿

  5 うつくしい　① 善しい　　② 美しい　　　＿＿＿＿＿

- 단어의 뜻을 찾아 줄을 그어 보세요.

  6 みずうみ　　・　　　　　　　・ ① 경치

  7 ふかい　　　・　　　　　　　・ ② 호수

  8 よごれる　　・　　　　　　　・ ③ 얕다

  9 景色（けしき）・　　　　　　・ ④ 때 묻다, 더러워지다

  10 あさい　　　・　　　　　　　・ ⑤ 깊다

📕 예문과 함께 적중 어휘를 외워 봅시다. 🔊 MP3 2-1-3

---

01 てんきよほう ⑭
天気予報
명 일기예보

✏️ 天気予報 に よると 日曜日は 強い 雨が 降るそうです。
일기예보에 의하면 일요일은 강한 비가 내린다고 합니다.
➕ 天気 (てんき) 명 날씨

---

02 きせつ
명 계절

日本は 四つの きせつ が あります。
일본은 네 개의 계절이 있습니다.

---

03 なつ ⑱㉒
夏
명 여름

私は 来年の 夏 、富士山に のぼる つもりです。
저는 내년 여름 후지산을 오를 예정입니다.
➕ 春 (はる) 명 봄

---

04 あき ⑪⑮
秋
명 가을

秋 は スポーツに 一番 いい きせつです。
가을은 스포츠하기에 가장 좋은 계절입니다.
➕ 冬 (ふゆ) ㉑ 명 겨울

---

05 ⑭
ぬれる
동 젖다

雨で せんたくものが ぬれて しまいました。
비 때문에 세탁물이 젖어 버렸습니다.

---

06 や ⑬
止む
동 (비 등이) 그치다, 멈추다

雨が 止んで 、いい 天気に なりました。
비가 그치고, 날씨가 좋아졌습니다.
➕ はれる 동 날이 개다, 맑다

07
かぜ
風
명바람

今日は ✏風 が 冷たい 一日に なるでしょう。

오늘은 바람이 차가운 하루가 될 것입니다.

➕ かぜが ふく 바람이 불다

08
ゆき ⑪
雪
명눈

雪 は 四日間も 降り続きました。

눈은 나흘간이나 계속 내렸습니다.

➕ かさを さす ⑩⑫ 우산을 쓰다

09
くも ⑬
雲
명구름

ずっと 窓から 雲 を 見て いました。

계속 창문으로 구름을 보고 있었습니다.

➕ 空 (そら) 명하늘

10
たいふう
台風
명태풍

今年の 秋は 台風 が 少なかった。

올해 가을은 태풍이 적었다.

11
あつ
暑い
イ덥다

今日は 今年に 入って 一番 暑い 。

오늘은 올해 들어서 가장 덥다.

➕ 熱い (あつい) イ 뜨겁다 ｜ 厚い (あつい) イ 두껍다

12
⑫
すずしい
イ시원하다, 선선하다

すずしい 風が 吹いて いるので、

気持ちが いいです。

시원한 바람이 불고 있어 기분이 좋습니다.

➖ 暖かい (あたたかい) イ (날씨가) 따뜻하다

13
さむ ⑭㉒
寒い
イ춥다

寒い から 風邪を 引かないように して

ください。

추우니까 감기에 걸리지 않도록 하세요.

14 いぬ
犬
명 개

うちの ✐犬 は とても おとなしいです。
우리집 개는 매우 얌전합니다.

---

15 うま
馬
명 말

馬 は 走るのが 速い。
말은 달리는 것이 빠르다.

---

16 うし
牛
명 소

牛 が くさを 食べて います。
소가 풀을 먹고 있습니다.

---

17 とり
鳥
명 새

大きな 声を 出したので 鳥 が にげて しまいました。
큰 소리를 내서 새가 도망가 버렸습니다.

---

18 うご
動く ⑫⑭
동 움직이다

やまもとさん、動かないで ください。
야마모토 씨, 움직이지 마세요.

---

19 き
聞こえる
동 들리다

ここから 海の 音が 聞こえます 。
여기에서 바다 소리가 들립니다.

---

20 そだ
育てる ⑫⑬⑳㉑
동 키우다

父は 花を 育てる のが しゅみです。
아버지는 꽃을 키우는 것이 취미입니다.

• 단어의 읽는 법이나 쓰는 법을 고르고, 밑줄에 뜻을 써 보세요.

1 くも   ① 雪   ② 雲   _____

2 秋   ① あか   ② あき   _____

3 鳥   ① とり   ② うま   _____

4 うごく   ① 動く   ② 働く   _____

5 寒い   ① さむい   ② あつい   _____

• 단어의 뜻을 찾아 줄을 그어 보세요.

6 きせつ   •   • ① 시원하다, 선선하다

7 ぬれる   •   • ② 계절

8 すずしい   •   • ③ 들리다

9 育^{そだ}てる   •   • ④ 젖다

10 聞^きこえる   •   • ⑤ 키우다

DAY3 데일리 테스트 정답

1 ② 구름   **2** ② 가을   **3** ① 새   **4** ① 움직이다   **5** ① 춥다
6 ②   **7** ④   **8** ①   **9** ⑤   **10** ③

🚩 예문과 함께 적중 어휘를 외워 봅시다. 🔊 MP3 2-1-4

01 かい ぎ **会議**する 명 회의하다	✏️ 会議 で使う パソコンが 動きません。 회의에서 사용할 컴퓨터가 움직이지 않습니다.
02 けいかく ⑮㉑ **計画**する 명 계획하다	わたし 私は その 計画 に 反対です。 저는 그 계획에 반대입니다.
03 し ごと ⑫ **仕事**する 명 일하다	さいきん 仕事 が 忙しくて 帰るのが 遅く なる ことが 多い。 최근 일이 바빠서 귀가하는 것이 늦어지는 경우가 많다.
04 **きょうそう**する 명 경쟁하다	A社と B社の きょうそう で A社が 勝った。 A사와 B사의 경쟁에서 A사가 이겼다.
05 お ⑭ **終わる** 동 끝나다	いま かい ぎ ちゅう じ はん 今 会議中ですが、 11時半には 終わります 。 지금 회의 중인데 11시 반에는 끝납니다.
06 なら ⑭⑳㉑ **習う** 동 배우다	わたし し ごと あと 私は 仕事の 後、 ヨガを 習って います。 저는 퇴근 후 요가를 배우고 있습니다. ⇔ おそわる ⑳ 동 배우다

07 きかい ⑪
명 기계

この ✏️きかい は 使い方を 間違えると
とても 危険です。
이 기계는 사용법을 틀리면 매우 위험합니다.

08 けっか 結果 ⑮㉑
명 결과

結果 が どうなるか 心配です。
결과가 어떻게 될지 걱정입니다.
➕ 原因 (げんいん) **명** 원인

09 ようじ 用事 ⑮
명 용무

社長は 大切な 用事 で 大阪へ 行きました。
사장님은 중요한 용무로 오사카에 갔습니다.

10 しら 調べる ⑭⑲㉑
동 조사하다

いろいろな 資料を 調べました 。
여러 가지 자료를 조사했습니다.

11 いそが 忙しい
い 바쁘다

土曜日の 午後は 忙しい です。
토요일 오후는 바쁩니다.

12 ひまだ
な 한가하다

明日は 一日中 ひまです 。
내일은 하루 종일 한가합니다.

13 まじめだ ⑪⑬
な 성실하다

彼女は まじめで 頭も いいです。
그녀는 성실하고 머리도 좋습니다.

14 やくそく **約束** ⑭ **명**약속	🖊️約束 を 午後 3時に 変えられませんか。 약속을 오후 3시로 바꿀 수 없을까요?
15 りゆう **理由** ⑬⑮㉒ **명**이유	理由 を 簡単に 説明して ください。 이유를 간단하게 설명해 주세요.
16 へんじ **返事**する **명**답장, 대답 하다	このメールを 読んだら、 返事 を ください。 이 메일을 읽으면 답장을 주세요.
17 **なれる** ⑬ **동**익숙해지다, 적응하다	新しい 仕事には もう なれました 。 새로운 일에는 이제 익숙해졌습니다.
18 さが **探す** ⑬ **동**찾다	なくした かぎを 探した けど、 どこにも ないんです。 분실한 열쇠를 찾았는데 어디에도 없습니다.
19 むり **無理だ** **ナ**무리다	その 仕事は 私には 無理です 。 그 일은 저에게는 무리입니다.
20 とくべつ **特別だ** ⑲㉒ **ナ**특별하다	私は 特別な 仕事を したいと 思います。 저는 특별한 일을 하고 싶습니다.

● 단어의 읽는 법이나 쓰는 법을 고르고, 밑줄에 뜻을 써 보세요.

1 特別だ ① とくべつだ ② どくべつだ _____

2 かいぎ ① 会議 ② 会義 _____

3 しごと ① 仕事 ② 仕業 _____

4 用事 ① ようじ ② よじ _____

5 計画 ① けかく ② けいかく _____

● 단어의 뜻을 찾아 줄을 그어 보세요.

6 なれる ・ ・ ① 조사하다

7 調べる ・ ・ ② 한가하다

8 ひまだ ・ ・ ③ 찾다

9 探す ・ ・ ④ 성실하다

10 まじめだ ・ ・ ⑤ 익숙해지다, 적응하다

DAY4
데일리 테스트
정답

1 ① 특별하다 **2** ① 회의 **3** ① 일 **4** ① 용무 **5** ② 계획
6 ⑤ **7** ① **8** ② **9** ③ **10** ④

🚩 예문과 함께 적중 어휘를 외워 봅시다.   🔊 MP3 2-1-5

---

01 えきいん ⑬
駅員
圀 역무원

🖊️ 駅員 に 道を 聞きました。
역무원에게 길을 물었습니다.

---

02 いしゃ ⑬
医者
圀 의사

私は しょうらい 医者 に なりたいです。
저는 장래에 의사가 되고 싶습니다.
➕ 歯医者 (はいしゃ) 圀 치과 의사

---

03 かかり ⑭
係り
圀 담당

係り の 人に 聞いて みましょう。
담당 직원에게 물어봅시다.

---

04 てんいん ⑪
店員
圀 점원

店員 に トイレが どこに あるか 聞きました。
점원에게 화장실이 어디에 있는지 물어보았습니다.

---

05 こうむいん
公務員
圀 공무원

彼は 卒業して すぐ 公務員 に なりました。
그는 졸업하고 바로 공무원이 되었습니다.

---

06 はたら
働く
통 일하다

銀行で 働きたい と 思って います。
은행에서 일하고 싶습니다.
➕ 勤める (つとめる) 통 근무하다

| 07 しゃいん
社員
명사원 | ✏️ 社員 の 半分が 休みを 取った。
사원의 절반이 휴가를 냈다. |

| 08 が か
画家
명화가 | ピカソは 有名な 画家 です。
피카소는 유명한 화가입니다. |

| 09 **かんごし**
명간호사, 간호원 | 彼の 娘は かんごし です。
그의 딸은 간호사입니다. |

| 10 **けいさつ**
명경찰, 경찰관 | けいさつ を 呼んで ください。
경찰을 불러 주세요. |

| 11 きゃく
お客 さん
명손님 | お客さん が 一人も いなかったので、
早く 店を 閉めました。
손님이 한 사람도 없었기 때문에 일찍 가게 문을
닫았습니다. |

| 12 て つだ
手伝う ⑬
동돕다 | 昨日は 引っ越しを 手伝って くれて、
ありがとう ございました。
어제 이사를 도와줘서 고마웠습니다. |

| 13 あ
合う
동맞다, 어울리다 | 私に 合う 仕事が 見つかりません。
저에게 맞는 일이 찾아지지 않습니다. |

14 ゆめ ⑬
夢
圏꿈

小学生のころ ピアニストに なるのが ✎夢
でした。
초등학교 때 피아니스트가 되는 것이 꿈이었습니다.

15 しゃちょう
社長
圏사장(님)

社長 は いつも 忙しいです。
사장님은 항상 바쁩니다.
➕ 部長 (ぶちょう) 圏부장(님)

16 まも
守る
圉지키다

彼は 時間を 守る 人です。
그는 시간을 지키는 사람입니다.

17 ⑬
もどる
圉되돌아가다,
되돌아오다

3時間 以内に もどります 。
3시간 이내에 돌아오겠습니다.

18 いそ ⑬⑮
急ぐ
圉서두르다

会議が 始まりますね。 急ぎましょう 。
회의가 시작되네요. 서두릅시다.

19 すす ⑩⑭⑳㉑㉒
進む
圉나아가다, 진행되다

プロジェクトは よく 進んで います。
프로젝트는 잘 진행되고 있습니다.

20 はこ ⑩
運ぶ
圉운반하다, 옮기다

いすを 10個 運んで おいて ください。
의자를 10개 옮겨 놓으세요.

● 단어의 읽는 법이나 쓰는 법을 고르고, 밑줄에 뜻을 써 보세요.

1 駅員   ① えきいん   ② えきにん   _____

2 運ぶ   ① たこぶ   ② はこぶ   _____

3 いしゃ   ① 医者   ② 匿者   _____

4 進む   ① すすむ   ② かこむ   _____

5 はたらく ① 働く   ② 動く   _____

● 단어의 뜻을 찾아 줄을 그어 보세요.

6 手伝う   ·   · ① 지키다

7 夢   ·   · ② 화가

8 守る   ·   · ③ 돕다

9 画家   ·   · ④ 담당

10 係り   ·   · ⑤ 꿈

DAY5
데일리 테스트
정답

1 ① 역무원 **2** ② 운반하다 **3** ① 의사 **4** ① 진행되다 **5** ① 일하다
6 ③ **7** ⑤ **8** ① **9** ② **10** ④

🚩 예문과 함께 적중 어휘를 외워 봅시다.

 MP3 2-1-6

---

01 ⑪
りょうり
料理する
명 요리하다

このレストランは ✏料理 に使う野菜を
庭で育てています。
이 레스토랑은 요리에 사용할 채소를 정원에서 기르고 있습니다.

---

02 ⑬⑮
あじ
味
명 맛

ちょっと 味 が変ですよ。
좀 맛이 이상해요.

---

03 ⑮⑱
ひる はん
昼ご飯
명 점심 식사, 점심밥

昼ご飯 はコンビニで買ってきて食べましょう。
점심은 편의점에서 사 와서 먹읍시다.
➕ 晩ご飯 (ばんごはん) 명 저녁 식사, 저녁밥

---

04 ⑫
しょくじ
食事する
명 식사하다

食事 の後、薬を飲んでください。
식사 후에 약을 드세요.

---

05 ⑪⑳
N5 ㉒
うすい
イ 연하다, 얇다

コーヒーは うすい のが好きです。
커피는 연한 것을 좋아합니다.

06
こま
細かい
イ 잘다, 자세하다

キャベツは 細かく 切ってください。
양배추는 잘게 썰어 주세요.

| 07 ようい
用意する
图준비하다 | 肉や 魚などは 私が ✏用意 します。
고기와 생선 등은 제가 준비하겠습니다. |

| 08 **におい**
图냄새 | なんか いい におい が します。
왠지 좋은 냄새가 납니다. |

| 09 い
入れる
图넣다 | たまごを 一つ 入れて ください。
계란을 한 개 넣어 주세요. |

| 10 たの
頼む ㉑
图부탁하다, 주문하다 | レストランで コース 料理を 頼みました。
레스토랑에서 코스 요리를 주문했습니다. |

| 11 つく
作る ㉑
图만들다 | これは 米で 作った パンです。
이것은 쌀로 만든 빵입니다. |

| 12 や
焼く
图태우다, 굽다 | 友だちに あげる クッキーを 焼いて います。
친구에게 줄 쿠키를 굽고 있습니다.
➕ 焼ける (やける) 图구워지다 |

| 13 じゅうぶん ⑫⑮㉓
十分だ
ナ충분하다 | 簡単に 作れるので 一人で 十分です。
간단하게 만들 수 있어서 혼자서 충분합니다. |

14 ざいりょう **材料** **명**재료	こむぎこは ケーキの 主な ✏材料 だ。 밀가루는 케이크의 주된 재료다.
15 しょくひん **食品** **명**식품	この 食品 は 体に いいです。 이 식품은 몸에 좋습니다.
16 のこ **残る** ㉓ **동**남다	残った 果物で ジュースを 作りました。 남은 과일로 주스를 만들었습니다.
17 つか **使う** ㉒ **동**사용하다	野菜を 使って スープを 作って みましょう。 채소를 사용해서 수프를 만들어 봅시다.
18 あたた **温かい** **형**(물,음식 등이) 따뜻하다	雨の 日は 温かい スープが 飲みたい。 비가 오는 날은 따뜻한 수프를 마시고 싶다.
19 つめ **冷たい** ⑫㉓ **형**차갑다	冷たい ものは 体に よくないです。 차가운 것은 몸에 좋지 않습니다.
20 **ぬるい** **형**미지근하다	コーヒーが ぬるく なりました。 커피가 미지근해졌습니다.

● 단어의 읽는 법이나 쓰는 법을 고르고, 밑줄에 뜻을 써 보세요.

1 あじ   ① 味   ② 未   _____

2 つめたい   ① 令たい   ② 冷たい   _____

3 しょくじ   ① 食事   ② 飯事   _____

4 作る   ① つくる   ② のこる   _____

5 料理   ① りょり   ② りょうり   _____

● 단어의 뜻을 찾아 줄을 그어 보세요.

6 うすい   ·   · ① 굽다

7 焼く   ·   · ② 미지근하다

8 頼む   ·   · ③ 연하다, 얇다

9 十分だ   ·   · ④ 충분하다

10 ぬるい   ·   · ⑤ 부탁하다, 주문하다

DAY6
데일리 테스트
정답

1 ① 맛   **2** ② 차갑다   **3** ① 식사   **4** ① 만들다   **5** ② 요리
6 ③   **7** ①   **8** ⑤   **9** ④   **10** ②

실력 체크

한 주 동안 외운 단어를
점검해 봅시다!

단어의 읽는 법과 의미를 써 봅시다.

(MP3 2-1-1)

단 어		단 어	
□ 駅	읽는법 의 미	□ 旅館	읽는법 의 미
□ 食堂	읽는법 의 미	□ 広い	읽는법 의 미
□ 都会	읽는법 의 미	□ 古い	읽는법 의 미
□ 場所	읽는법 의 미	□ 間	읽는법 의 미
□ 近い	읽는법 의 미	□ 近所	읽는법 의 미
□ 遠い	읽는법 의 미	□ 送る	읽는법 의 미
□ 売り場	읽는법 의 미	□ 着く	읽는법 의 미
□ 工場	읽는법 의 미	□ 待つ	읽는법 의 미
□ 本屋	읽는법 의 미	□ にぎやかだ	읽는법 의 미
□ 港	읽는법 의 미	□ 静かだ	읽는법 의 미

✏️ 단어의 **읽는 법**과 **의미**를 써 봅시다. 🔊 MP3 2-1-2

단 어		단 어	
□ 花	읽는법 / 의 미	□ 暗い	읽는법 / 의 미
□ 石	읽는법 / 의 미	□ あさい	읽는법 / 의 미
□ 池	읽는법 / 의 미	□ ふかい	읽는법 / 의 미
□ 空気	읽는법 / 의 미	□ 動物	읽는법 / 의 미
□ 光る	읽는법 / 의 미	□ 植物	읽는법 / 의 미
□ よごれる	읽는법 / 의 미	□ 景色	읽는법 / 의 미
□ 林	읽는법 / 의 미	□ 葉	읽는법 / 의 미
□ 森	읽는법 / 의 미	□ 虫	읽는법 / 의 미
□ みずうみ	읽는법 / 의 미	□ 美しい	읽는법 / 의 미
□ 明るい	읽는법 / 의 미	□ 植える	읽는법 / 의 미

학습 날짜 ____ / ____ 달성 목표 20개 중 ____개 암기!

✏️ 단어의 **읽는 법**과 **의미**를 써 봅시다. 🔊 MP3 2-1-3

단 어		
☐ 天気予報	읽는법	
	의 미	
☐ きせつ	읽는법	
	의 미	
☐ 夏	읽는법	
	의 미	
☐ 秋	읽는법	
	의 미	
☐ ぬれる	읽는법	
	의 미	
☐ 止む	읽는법	
	의 미	
☐ 風	읽는법	
	의 미	
☐ 雪	읽는법	
	의 미	
☐ 雲	읽는법	
	의 미	
☐ 台風	읽는법	
	의 미	

단 어		
☐ 暑い	읽는법	
	의 미	
☐ すずしい	읽는법	
	의 미	
☐ 寒い	읽는법	
	의 미	
☐ 犬	읽는법	
	의 미	
☐ 馬	읽는법	
	의 미	
☐ 牛	읽는법	
	의 미	
☐ 鳥	읽는법	
	의 미	
☐ 動く	읽는법	
	의 미	
☐ 聞こえる	읽는법	
	의 미	
☐ 育てる	읽는법	
	의 미	

✎ 단어의 **읽는 법**과 **의미**를 써 봅시다.   🔊 MP3 2-1-4

단 어		단 어	
□ 会議	읽는법 의 미	□ 忙しい	읽는법 의 미
□ 計画	읽는법 의 미	□ ひまだ	읽는법 의 미
□ 仕事	읽는법 의 미	□ まじめだ	읽는법 의 미
□ きょうそう	읽는법 의 미	□ 約束	읽는법 의 미
□ 終わる	읽는법 의 미	□ 理由	읽는법 의 미
□ 習う	읽는법 의 미	□ 返事	읽는법 의 미
□ きかい	읽는법 의 미	□ なれる	읽는법 의 미
□ 結果	읽는법 의 미	□ 探す	읽는법 의 미
□ 用事	읽는법 의 미	□ 無理だ	읽는법 의 미
□ 調べる	읽는법 의 미	□ 特別だ	읽는법 의 미

단어의 읽는 법과 의미를 써 봅시다.   ◀) MP3 2-1-5

단 어			단 어		
□ 駅員	읽는법		□ お客さん	읽는법	
	의 미			의 미	
□ 医者	읽는법		□ 手伝う	읽는법	
	의 미			의 미	
□ 係り	읽는법		□ 合う	읽는법	
	의 미			의 미	
□ 店員	읽는법		□ 夢	읽는법	
	의 미			의 미	
□ 公務員	읽는법		□ 社長	읽는법	
	의 미			의 미	
□ 働く	읽는법		□ 守る	읽는법	
	의 미			의 미	
□ 社員	읽는법		□ もどる	읽는법	
	의 미			의 미	
□ 画家	읽는법		□ 急ぐ	읽는법	
	의 미			의 미	
□ かんごし	읽는법		□ 進む	읽는법	
	의 미			의 미	
□ けいさつ	읽는법		□ 運ぶ	읽는법	
	의 미			의 미	

✏️ 단어의 **읽는 법**과 **의미**를 써 봅시다.　🔊 MP3 2-1-6

단 어		단 어	
☐ 料理	읽는법 / 의 미	☐ 作る	읽는법 / 의 미
☐ 味	읽는법 / 의 미	☐ 焼く	읽는법 / 의 미
☐ 昼ご飯	읽는법 / 의 미	☐ 十分だ	읽는법 / 의 미
☐ 食事	읽는법 / 의 미	☐ 材料	읽는법 / 의 미
☐ うすい	읽는법 / 의 미	☐ 食品	읽는법 / 의 미
☐ 細かい	읽는법 / 의 미	☐ 残る	읽는법 / 의 미
☐ 用意	읽는법 / 의 미	☐ 使う	읽는법 / 의 미
☐ におい	읽는법 / 의 미	☐ 温かい	읽는법 / 의 미
☐ 入れる	읽는법 / 의 미	☐ 冷たい	읽는법 / 의 미
☐ 頼む	읽는법 / 의 미	☐ ぬるい	읽는법 / 의 미

문제 1 _____의 단어는 히라가나로 어떻게 씁니까? 1·2·3·4 중 가장 적당한 것을 하나 고르세요.

1 この　まどから　港が　見えます。 이 창문에서 항구가 보입니다.

1　うみ　　　2　みなと　　　3　みずうみ　4　いけ

2 あまり　急がないで　ください。 너무 서두르지 마세요.

1　ぬがないで　　　　　　　　2　およがないで

3　いそがないで　　　　　　　4　さわがないで

문제 2 _____의 단어는 어떻게 씁니까? 1·2·3·4에서 가장 적당한 것을 하나 고르세요.

3 わたしの　アパートは　えきから　とおいです。

저의 아파트는 역에서 멀어요.

1　駅　　　　　2　験　　　　　3　駛　　　　　4　駅

4 たなかさんは　りょうりが　じょうずです。

다나카 씨는 요리가 능숙합니다.

1　料理　　　2　科理　　　3　料埋　　　4　科埋

문제 3 (　　)에 무엇을 넣습니까? 1·2·3·4에서 가장 적당한 것을 하나 고르세요.

5 この　にもつを　あそこに　(　　　　　)　ください。

이 짐을 저곳으로 옮겨 주세요.

1　はこんで　2　つたえて　3　ひろって　4　むかえて

6 りょこうの　にもつは　もう　（　　　　）できましたか。

여행 짐은 벌써 준비되었습니까?

1　やくそく　　2　りよう　　3　せわ　　4　ようい

문제 4 ＿＿의 문장과 대체로 같은 의미의 문장이 있습니다. 1·2·3·4에서 가장
적당한 것을 하나 고르세요.

7 <u>手が　よごれて　います。</u>손이 더럽습니다.

1　手が　つめたいです。

2　手が　いたいです。

3　手が　きたないです。

4　手が　小さいです。

문제 5 다음 단어의 쓰임으로 가장 적당한 것을 1·2·3·4에서 하나 고르세요.

8 にぎやか　활기참, 북적임

1　こんしゅうは　しごとが　<u>にぎやか</u>です。

2　きょうは　おまつりが　あって、まちが　<u>にぎやか</u>です。

3　わたしは　子どもの　ときから　こえが　<u>にぎやか</u>でした。

4　くるまの　おとが　<u>にぎやか</u>なので、ねられません。

실전 JLPT 도전 정답

1 2　**2** 3　**3** 4　**4** 1　**5** 1　**6** 4　**7** 3　**8** 2

WEEK 02

2 주 째

DAY 1 음식

1회 2회 3회

📌 예문과 함께 적중 어휘를 외워 봅시다.

🔊 MP3 2-2-1

---

01 (お)茶

ちゃ

명 차

✏️ お茶 を 用意して ください。

차를 준비해 주세요.

---

02 氷

こおり

⑭⑳

명 얼음

父は ホットコーヒーに 氷 を 一つ 入れて 飲みます。

아버지는 따뜻한 커피에 얼음을 한 개 넣어서 마십니다.

---

03 牛肉

ぎゅうにく

명 소고기

私は 豚肉より 牛肉 の 方が 好きです。

저는 돼지고기보다 소고기 쪽을 더 좋아합니다.

---

04 食料品

しょくりょうひん

⑫⑭

명 식료품

この スーパーは 食料品 が 安いです。

이 슈퍼는 식료품이 쌉니다.

---

05 うまい

⑪

イ 솜씨가 좋다, 맛있다

兄は 料理が うまい です。

오빠는 요리를 잘합니다.

---

06 からい

イ 맵다

この カレーは すごく からい ですね。

이 카레는 굉장히 맵네요.

| 07 | やさい ⑩⑬㉒
野菜
명 채소 | *野菜* は 体に いいので たくさん 食べて ください。
채소는 몸에 좋으니까 많이 드세요. |

| 08 | こめ
米
명 쌀 | この 酒は 米 で 作りました。
이 술은 쌀로 만들었습니다. |

| 09 | まめ
豆
명 콩 | チョコレートは ココアの 豆 から 作られ ます。
초콜릿은 코코아 콩으로 만들어집니다. |

| 10 | さかな
魚
명 물고기, 생선 | この 魚 は ほねが たくさん あります。
이 생선은 가시가 많이 있습니다. |

| 11 | れいぞうこ
명 냉장고 | 魚と 肉は れいぞうこ に 入れて ください。
생선과 고기는 냉장고에 넣어 주세요. |

| 12 | ひえる ⑫
동 식다, 차가워지다 | ひえた ビールは おいしいです。
차가워진 맥주는 맛있습니다. |

| 13 | た ⑬⑮㉓
足りる
동 충분하다, 족하다 | この スープは 塩が 少し 足りない です。
이 수프는 소금기가 조금 부족합니다. |

14 た もの
食べ物
명 음식

パーティーの ✏️食べ物 がたくさん残った。

파티 음식이 많이 남았다.

➕ 飲み物 (のみもの) 명 음료 | 果物 (くだもの) 명 과일

15 すいか
명 수박

この すいか は大きすぎて、れいぞうこに入らない。

이 수박은 너무 커서 냉장고에 들어가지 않는다.

➕ みかん 명 귤 | ぶどう 명 포도 | りんご 명 사과

16 たまねぎ
명 양파

このおかしは たまねぎ の味がします。

이 과자는 양파 맛이 납니다.

➕ ねぎ 명 파

17 ⑫
かたい
イ 딱딱하다,
단단하다

私は やわらかいパンより かたい パンが好きです。

저는 부드러운 빵보다 딱딱한 빵을 좋아합니다.

↔ やわらかい イ 부드럽다

18 にが ⑪
苦い
イ 쓰다

この薬はとても 苦い です。

이 약은 매우 씁니다.

19 あま
甘い
イ 달다

パーティーで丸い形の赤くて 甘い 果物を食べました。

파티에서 둥근 모양의 빨갛고 달콤한 과일을 먹었습니다.

20 す ⑲
好きだ
ナ 좋아하다

私は果物なら何でも 好きです 。

저는 과일이라면 뭐든지 좋아합니다.

↔ きらいだ ナ 싫어하다

- 단어의 읽는 법이나 쓰는 법을 고르고, 밑줄에 뜻을 써 보세요.

  1 やさい   ① 野菜   ② 野薬   _____

  2 にがい   ① 若い   ② 苦い   _____

  3 豆   ① まめ   ② こめ   _____

  4 足りない   ① たりない   ② あしりない   _____

  5 こおり   ① 氷   ② 泳   _____

- 단어의 뜻을 찾아 줄을 그어 보세요.

  6 ひえる   ·   · ① 식다, 차가워지다

  7 うまい   ·   · ② 달다

  8 甘い   ·   · ③ 맛있다, 솜씨가 좋다

  9 からい   ·   · ④ 맵다

  10 かたい   ·   · ⑤ 딱딱하다, 단단하다

🚩 예문과 함께 적중 어휘를 외워 봅시다. 🔊 MP3 2-2-2

01
おくじょう ⑫
屋上
몡 옥상

夕べは 🖊屋上 で パーティーを しました。
어젯밤은 옥상에서 파티를 했습니다.

02
すいどう ⑫
水道
몡 수도(상수도)

この 町には まだ 水道 が ない。
이 마을에는 아직 수도가 없다.

03
だいどころ
台所
몡 부엌

台所 から いい においが します。
부엌에서 좋은 향기가 납니다.

04
へ や
部屋
몡 방

山田さんの 部屋 は 絵が たくさん あります。
야마다 씨의 방은 그림이 많이 있습니다.

05
⑫⑬㉒
ひっこし
몡 이사

にもつが 多いので 森さんが ひっこし を
手伝って くれました。
짐이 많아서 모리 씨가 이사를 도와주었습니다.

➕ にもつ 몡 짐 ┃ ひっこす 통 이사하다

06
す ⑫⑮
住む
통 살다

私 の 姉は イギリスに 住んで います。
저의 언니는 영국에 살고 있습니다.

---

07 つくえ ⑫⑳ **机** **명** 책상	新しい ✏机 と ベッドが ほしいです。 새 책상과 침대가 필요합니다. ➕ 置く(おく) **동** 놓다, 두다 ǀ かぐ ⑳ **명** 가구
08 かみ ⑫⑱ **紙** **명** 종이	紙 は 机の 上に ありますから、使って ください。 종이는 책상 위에 있으니까 사용해 주세요.
09 ⑪⑫㉑ **こしょうする** **명** 고장나다	こしょう した 車を 直して もらいました。 고장난 차를 수리 받았습니다.
10 ⑫ **つつむ** **동** 싸다, 포장하다	プレゼントを きれいな 紙で つつんで もらいました。 선물을 예쁜 종이로 포장해 받았습니다(주었습니다).
11 ⑪ **かざる** **동** 장식하다	パーティーが あるので、テーブルに 花を かざりました 。 파티가 있어서 테이블에 꽃을 장식했습니다.
12 おも ⑫⑭⑲㉒ **重い** **イ** 무겁다	店から 家まで 重い 荷物を 運びました。 가게에서 집까지 무거운 짐을 옮겼습니다.
13 かる ⑫⑭㉒ **軽い** **イ** 가볍다	軽い パソコンが ほしい。 가벼운 컴퓨터를 갖고 싶어.

DAY 2

14 おしいれ
명 붙박이장

ふとんが大おきくて ✎おしいれ に入はいりません。
이불이 커서 붙박이장에 들어가지 않습니다.

15 地下ちか
명 지하

せんたくしつは 地下 にあります。
세탁실은 지하에 있습니다.

16 なる ⑩
동 (벨 등이) 울리다

げんかんのベルが なる のを聞きいた。
현관 벨이 울리는 것을 들었다.

17 きたない ⑭㉓
イ 더럽다, 지저분하다

びっくりするぐらい彼女かのじょの部屋へやは
きたない です。
깜짝 놀랄 정도로 그녀의 방은 지저분합니다.

18 いやだ
ナ 싫다

いなかに住すむのは いやです 。
시골에 사는 건 싫습니다.

19 きれいだ
ナ 깨끗하다, 예쁘다

台所だいどころを きれいに そうじしました。
부엌을 깨끗이 청소했습니다.

20 必要ひつようだ ㉑
ナ 필요하다

子こどもの部屋へやが 必要 です。
아이 방이 필요합니다.

● 단어의 읽는 법이나 쓰는 법을 고르고, 밑줄에 뜻을 써 보세요.

1 おくじょう　　① 屋場　　　② 屋上　　　＿＿＿＿＿

2 すむ　　　　　① 往む　　　② 住む　　　＿＿＿＿＿

3 かるい　　　　① 重い　　　② 軽い　　　＿＿＿＿＿

4 紙　　　　　　① かみ　　　② はさみ　　＿＿＿＿＿

5 机　　　　　　① つくえ　　② いす

● 단어의 뜻을 찾아 줄을 그어 보세요.

6 ひっこし　　・　　　　　　・　① 고장

7 つつむ　　　・　　　　　　・　② 장식하다

8 きたない　　・　　　　　　・　③ 이사

9 かざる　　　・　　　　　　・　④ 더럽다, 지저분하다

10 こしょう　　・　　　　　　・　⑤ 싸다, 포장하다

DAY 3 일상생활 1회 2회 3회

🚩 예문과 함께 적중 어휘를 외워 봅시다. 🔊 MP3 2-2-3

---

01 ⁽¹³⁾⁽²⁰⁾
せんたくする
🈔 세탁하다

今朝(けさ) ✏️ せんたく した ふくが まだ ぬれて います。
오늘 아침에 세탁한 옷이 아직 젖어 있습니다.
➕ 家事 (かじ) 🈔 가사, 집안일

---

02 ⁽¹³⁾⁽¹⁴⁾⁽²³⁾
世話(せわ)
🈔 보살핌, 신세

家(うち)では 私(わたし)が 犬(いぬ)の 世話 を して います。
집에서는 제가 강아지를 돌보고 있습니다.
➕ 世話 (せわ)を する 돌보다, 보살피다

---

03 ⁽¹¹⁾⁽¹⁵⁾
るす
🈔 부재중

友(とも)だちの 家(いえ)に 行(い)ったら るす でした。
친구 집에 갔더니 부재중이었습니다.
➕ 出(で)かける (でかける) 🈕 외출하다

---

04 ⁽¹¹⁾
歩(ある)く
🈕 걷다

会社(かいしゃ)は 家(いえ)から 歩(ある)いて 5分(ふん)です。
회사는 집에서 걸어서 5분입니다.

---

05 ⁽¹⁹⁾
眠(ねむ)る
🈕 잠자다, 잠들다

試験(しけん)が 気(き)になって 眠(ねむ)れません 。
시험이라서 걱정되어 잠을 잘 수가 없습니다.
➕ 寝る (ねる) 🈕 자다

06
起(お)きる
🈕 일어나다

毎朝(まいあさ) ジョギングを するために 早(はや)く 起(お)きます 。
매일 아침 조깅을 하기 위해서 일찍 일어납니다.

---

07 にっき **日記** **명** 일기 (11)(15)(20)	わたし まいばん 私 は 毎晩 ✏️ 日記 を 書いて います。 저는 매일 밤 일기를 쓰고 있습니다.
08 **そうじ** **명** 청소	しょうがくせい こうえん 小学生 が ごみを ひろって 公園 を そうじ して います。 초등학생이 쓰레기를 줍고 공원을 청소하고 있습니다. ➕ ごみ **명** 쓰레기 | そうじき **명** 청소기
09 **しかる** **동** 혼내다 (11)(14)(23)	こ おとうと ちち 子どもの ころ、弟 と けんかして よく 父 に しかられました 。 어렸을 때 남동생과 싸워서 자주 아버지에게 혼났습니다.
10 **おどろく** **동** 놀라다 (13)	もり にい ゆうめい かしゅ き 森さんの お兄さんが 有名な 歌手だと 聞いて おどろきました 。 모리 씨의 오빠가 유명한 가수라고 듣고 놀랐습니다. ➕ 喜ぶ (よろこぶ) (20) **동** 기뻐하다
11 **さわる** **동** 만지다, 손을 대다 (11)	あぶないので その きかいには さわらないで ください。 위험하니까 그 기계에는 손을 대지 마세요.
12 **はく** **동** 쓸다	にわ わす 庭を はく のを 忘れないで ください。 마당을 쓰는 것을 잊지 마세요. ➕ ふく **동** 닦다, 걸레질하다
13 **こわい** **イ** 무섭다	よる いえ ひとり 夜、家に 一人で いるのは こわい です。 밤에 집에 혼자 있는 것은 무섭습니다.

14 でん き
電気
图전기, 전등

このスイチを おせば、 ✏電気 が つきます。
이 스위치를 누르면 전기가 켜집니다.
➕ つける 图 (전기 등을) 켜다, 붙이다

15 だんぼう
图난방

家の だんぼう が こしょうして います。
집 난방이 고장나 있습니다.
➕ れいぼう 图 냉방

16 (お)宅
たく
图댁

お宅 から 一番 近い 駅は どこですか。
いちばん ちか えき
댁에서 가장 가까운 역은 어디입니까?

17 か
貸す ⑮
图빌려주다

隣の 人が えんぴつを 貸して くれました。
となり ひと
옆 사람에게 연필을 빌려주었습니다.

18 か
借りる
图빌리다

自転車を 借りて 200円を 払いました。
じ てんしゃ えん はら
자전거를 빌리고 200엔을 지불했습니다.

19 かえ
返す
图돌려주다, 반납하다

借りた 本を 図書館に 返す のを 忘れる
か ほん としょかん わす
ことが ある。
빌린 책을 도서관에 반납하는 것을 잊을 때가 있다.

20 うれしい
イ기쁘다

大学を 卒業して とても うれしい です。
だいがく そつぎょう
대학을 졸업해서 너무 기쁩니다.
➕ かなしい イ슬프다

• 단어의 읽는 법이나 쓰는 법을 고르고, 밑줄에 뜻을 써 보세요.

1 ねむる　　①寝る　　②眠る　　＿＿＿＿＿＿

2 日記　　①につき　　②にっき　　＿＿＿＿＿＿

3 電気　　①でんき　　②てんき　　＿＿＿＿＿＿

4 あるく　　①走く　　②歩く　　＿＿＿＿＿＿

5 貸す　　①かす　　②かえす　　＿＿＿＿＿＿

• 단어의 뜻을 찾아 줄을 그어 보세요.

6 せんたく　　・　　　　・ ① 혼내다

7 るす　　・　　　　・ ② 세탁

8 おどろく　　・　　　　・ ③ 보살핌, 신세

9 しかる　　・　　　　・ ④ 놀라다

10 世話
<small>せ わ</small>　　・　　　　・ ⑤ 부재중

DAY 4 교통

2회 3회

🚩 예문과 함께 적중 어휘를 외워 봅시다. ◀)) MP3 2-2-4

01 ⑫㉒
こうつう
交通
몡교통

この 町は ✏交通 が 便利です。
이 마을은 교통이 편리합니다.
➕ 乗り物 (のりもの) 몡탈것, 교통수단

02 ⑫⑮⑳
じ てんしゃ
自転車
몡자전거

自転車 は 公園の 入口に とめて ください。
자전거는 공원 입구에 세워 주세요.

03
じ どうしゃ
自動車
몡자동차

ここは 自動車 を 洗う ところです。
여기는 차를 닦는 곳입니다.
➕ 車 (くるま) 몡차

04
ち か てつ
地下鉄
몡지하철

地下鉄 が できて 便利に なりました。
지하철이 생겨서 편리해졌습니다.
➕ 駅 (えき) 몡역

05 ㉑
ふね
船
몡배

初めて 船 に 乗った 時は こわかったです。
처음 배를 탔을 때는 무서웠습니다.

06 ⑫
の
乗る
동타다

駅から 家まで バスに 乗って 行きます。
역에서 집까지 버스를 타고 갑니다.
➕ 乗り換える (のりかえる) 동갈아타다

2주째 **207**

07
くうこう ⑩㉑
名 공항

国から 両親が 来るので、✏くうこう へ
行きます。
고국에서 부모님이 와서 공항에 갑니다.

08
飛行機
名 비행기

飛行機 は 30分 遅れて 到着しました。
비행기는 30분 늦게 도착했습니다.

09
利用する ⑫⑮⑳
名 이용하다

右側の エスカレーターを 利用 して
ください。
오른쪽 에스컬레이터를 이용해 주세요.

10
通る ⑲
동 통하다, 지나가다

毎朝 さくら公園を 通って 会社へ 行きます。
매일 아침 사쿠라 공원을 지나서 회사에 갑니다.

11
こむ ⑪⑬⑮㉑
동 붐비다, 복잡하다

今日は バスが こんで いました。
오늘은 버스가 붐볐습니다.

12
便利だ ⑪
ナ 편리하다

インターネットを 使えば いつでも 買い物が
できて 便利です 。
인터넷을 사용하면 언제든지 쇼핑을 할 수 있어서
편리합니다.

13
不便だ ⑭⑲
ナ 불편하다

交通が 不便な ので 自転車を 利用する
人が 多い。
교통이 불편해서 자전거를 이용하는 사람이 많다.

14 とっきゅう ⑭
特急
명특급

もうすぐ 🖊特急 電車が 来ます。
이제 곧 특급 전철이 옵니다.
➕ 急行 (きゅうこう) 명급행

15 よやく ⑪⑬
予約する
명예약하다

飛行機の チケットを 予約 しました。
비행기 티켓을 예약했습니다.

16 いりぐち
入口
명입구

公園の 入口 に オートバイを とめては
いけません。
공원 입구에 오토바이를 세워서는 안 됩니다.
⇔ 出口 (でぐち) 명출구

17 ちゅうしゃじょう
駐車場
명주차장

駅前に 大きな 駐車場 が あります。
역 앞에 큰 주차장이 있습니다.

18 お ⑬㉒
押す
동밀다, 누르다

赤い ボタンを 押す と ドアが 閉まります。
빨간 버튼을 누르면 문이 닫힙니다.

19 ひ ㉑
引く
동당기다

引いて 開ける ドアを 押して しまった。
당겨서 여는 문을 밀어 버렸다.

20
ふくざつだ
ナ복잡하다

東京は ふくざつ な 道が 多く、カーナビ
が 必要です。
도쿄는 복잡한 길이 많아, 자동차 내비게이션이 필요합니다.

DAY 4 데일리 테스트

● 단어의 읽는 법이나 쓰는 법을 고르고, 밑줄에 뜻을 써 보세요.

1 のる   ① 乗る   ② 集る   _____

2 交通   ① こうつ   ② こうつう   _____

3 便利だ   ① べんりだ   ② ふべんだ   _____

4 利用   ① りよ   ② りよう   _____

5 じてんしゃ   ① 自動車   ② 自転車   _____

● 단어의 뜻을 찾아 줄을 그어 보세요.

6 引く   ・   ・ ① 붐비다, 복잡하다

7 予約   ・   ・ ② 공항

8 こむ   ・   ・ ③ 당기다

9 押す   ・   ・ ④ 밀다, 누르다

10 くうこう   ・   ・ ⑤ 예약

DAY4
데일리 테스트
정답

1 ① 타다   **2** ② 교통   **3** ① 편리하다   **4** ② 이용   **5** ② 자전거
6 ③   **7** ⑤   **8** ①   **9** ④   **10** ②

📖 예문과 함께 적중 어휘를 외워 봅시다.   🔊 MP3 2-2-5

01 あんしん 安心する ⑫⑮ 명 안심하다	子どもの 病気が よく なって ✏️安心 しました。 아이의 병이 좋아져서 안심했습니다.
02 あんない 案内する ⑩⑫㉒ 명 안내하다	日本から 友だちが 遊びに 来たので、 町を 案内 しました。 일본에서 친구가 놀러 와서 마을을 안내했습니다.
03 うんてん 運転する ⑬ 명 운전하다	兄は 車の 運転 が できません。 오빠(형)은 자동차 운전을 못합니다. ➕ 道路 (どうろ) 명 도로
04 ちゅうい 注意する ⑳ 명 주의하다	海で 泳ぐ 時は 注意 して ください。 바다에서 수영할 때에는 주의하세요.
05 つた 伝える ⑩⑪⑮ 동 알리다, 전달하다	田中さんに 会ったら 「電話を ください」と 伝えて ください。 다나카 씨를 만나면 전화해 달라고 전해 주세요.
06 き けん 危険だ ⑮ ナ 위험하다	ここで 泳ぐのは 危険です 。 여기에서 수영하는 것은 위험합니다.

07 ち ず 地図 **명** 지도	駅で 見た ✏️地図 は わかりにくくて、 困り ました。 역에서 본 지도는 알아보기 힘들어서 곤란했습니다.
08 (お)知らせ **명** 안내(문), 공지	大切な お知らせ が あります。 중요한 공지가 있습니다.
09 こう さ てん 交差点 **명** 교차점, 사거리	次の 交差点 を 右に 曲がって ください。 다음 사거리에서 우회전 하세요(오른쪽으로 돌아 주 세요).
10 ふ ⑮ 増える **동** 늘다	この 町は 人口が 増えて います。 이 마을은 인구가 늘고 있습니다.
11 へ 예외1그룹 減る **동** 줄다, 감소하다	みずうみと 川に 住む 動物が 減って いる。 호수와 강에 사는 동물이 줄고 있다.
12 ⑮ あぶない **イ** 위험하다	あぶない から ナイフは 下に 置いて ください。 위험하니까 나이프는 아래에 놓으세요.
13 はや ⑩⑮ 速い **イ** (속도가) 빠르다	速い スピードで 運転しないで ください。 빠른 속도로 운전하지 마세요.

14
こうばん
交番
명 파출소

✏交番 は どこに あるか わかりますか。
파출소는 어디에 있는지 아십니까?

15
か じ
火事
명 화재

冬は 火事 が 多いです。
겨울은 화재가 많습니다.

16
じ こ
事故
명 사고

多くの 人が 事故 で 死んだ。
많은 사람이 사고로 죽었다.

17
こま
困る
동 곤란하다

家の 犬は 何でも かむので 困って います。
우리집 강아지는 뭐든지 물어뜯어서 곤란합니다.

18
わす
忘れる
동 잊다, 잊고 오다

彼は よく 約束を 忘れて しまう。
그는 자주 약속을 잊어버린다.
➕ 忘れ物 (わすれもの) 명 잊은 물건, 분실물

19
だいじょう ぶ
大丈夫だ
ナ 괜찮다

この 水は 飲んでも 大丈夫です 。
이 물은 마셔도 괜찮습니다.

20
あんぜん
安全だ
ナ 안전하다

この 川は 泳いでも 安全です 。
이 냇가는 수영해도 안전합니다.

DAY 5 데일리 테스트

• 단어의 읽는 법이나 쓰는 법을 고르고, 밑줄에 뜻을 써 보세요.

1 あんない 　　① 安内 　　② 案内 　　＿＿＿＿＿

2 つたえる 　　① 伝える 　　② 云える 　　＿＿＿＿＿

3 速い 　　① はやい 　　② おそい 　　＿＿＿＿＿

4 ちゅうい 　　① 主意 　　② 注意 　　＿＿＿＿＿

5 安心 　　① あんしん 　　② あんぜん 　　＿＿＿＿＿

• 단어의 뜻을 찾아 줄을 그어 보세요.

6 危険だ 　　　　・ 　　　　・ ① 늘다

7 忘れる 　　　　・ 　　　　・ ② 안내(문), 공지

8 交番 　　　　・ 　　　　・ ③ 위험하다

9 お知らせ 　　　・ 　　　　・ ④ 잊다, 잊고 오다

10 増える 　　　　・ 　　　　・ ⑤ 파출소

DAY5
데일리 테스트
정답

1 ② 안내 　**2** ① 알리다, 전달하다 　**3** ① (속도가) 빠르다 　**4** ② 주의 　**5** ① 안심
6 ③ 　**7** ④ 　**8** ⑤ 　**9** ② 　**10** ①

🚩 예문과 함께 적중 어휘를 외워 봅시다.   🔊 MP3 2-2-6

---

01 こうじ ⑫㉒
工事する
图 공사하다

家の前で 🖊工事 を して います。
집 앞에서 공사를 하고 있습니다.

---

02 し あい ⑭
試合する
图 시합하다

今日の 試合 は 何時に 始まるか 知って
いますか。
오늘 시합은 몇 시에 시작하는지 알고 있습니까?

---

03 しゅっぱつ ⑪⑳㉑
出 発する
图 출발하다

出発 まで 時間は ありますから、急がなく
ても いいです。
출발까지 시간은 있으니까 서두르지 않아도 됩니다.
⇔ 到着 (とうちゃく) 图 도착

---

04 せいさん ⑫⑭⑮⑱
生産する
图 생산하다

あそこの こうじょうでは 車を 生産 して
います。
저 공장에서는 차를 생산하고 있습니다.

---

05 かんが ⑬⑲
考 える
图 생각하다

ゆっくり 考えて みて ください。
천천히 생각해 보세요.

---

06 こた ⑮㉑
答える
图 대답하다

先生の 質問に 答える のは とても 難しい
です。
선생님 질문에 답하는 것은 매우 어렵습니다.

---

07 ⑫
ちゅうし
中止する
名 중지하다

あした の かいぎ
明日の 会議は ✎中止 です。
내일 회의는 중지입니다.

---

08 ⑱
きこく
帰国する
名 귀국하다

こんど にちようび
今度の 日曜日に 帰国 します。
이번 일요일에 귀국합니다.

---

09 ⑬⑳
しょうたい
招待する
名 초대하다

だいがく
大学の こうはいを けっこんしきに 招待
する つもりです。
대학교 후배를 결혼식에 초대할 생각입니다.

---

10 ⑬⑮
はし
走る
동 달리다

きのう たなか こうえん
昨日 田中さんが 公園で 走って いるのを
み
見ました。
어제 다나카 씨가 공원에서 달리고 있는 것을 봤습니다.

---

11 ⑬⑭
ひろう
동 줍다

お
落ちて いる ゴミを ひろいました 。
떨어져 있는 쓰레기를 주었습니다.
⇔すてる 동 버리다

---

12 ⑩⑪⑬
おとな
大人しい
イ 얌전하다

こ
この 子は 大人しくて 、あまり 人と 話 を
ひと はなし
しません。
이 아이는 얌전해서 그다지 다른 사람들과 이야기를
하지 않습니다.

---

13 ⑪⑭⑳
ていねいだ
ナ 공손하다, 신중하다

ひと
ホテルの 人は ていねいな ことばを 使い
つか
ます。
호텔 직원은 공손한 말을 사용합니다.

---

14 けんか**する**
명싸움 하다 ⑮

兄弟は つまらない ことで ✎けんか を する。
형제는 시시한 일로 싸움을 한다.

---

15 さんせい**する**
명찬성 하다 ⑮

あなたの 意見に さんせい です。
당신의 의견에 찬성입니다.

---

16 反対**する**
명반대 하다 ⑫⑬

私は その けいかくに 反対 です。
저는 그 계획에 반대입니다.

---

17 ねぼう**する**
명늦잠 자다 ⑪⑬⑭

今日 ねぼう して 学校に ちこくしました。
오늘 늦잠 자서 학교에 지각했습니다.

---

18 しっぱい**する**
명실패 하다 ⑫

だれでも しっぱい する ことが ある。
누구나 실패할 때가 있다.

---

19 渡す
동건네다, 넘기다 ⑫

資料を みんなに 渡して から 会議を 始めます。
자료를 모두에게 건네고 회의를 시작하겠습니다.

---

20 呼ぶ
동부르다 ⑬

だれかが 私の 名前を 呼んだ。
누군가가 나의 이름을 불렀다.

DAY 6 데일리 테스트

● 단어의 읽는 법이나 쓰는 법을 고르고, 밑줄에 뜻을 써 보세요.

1 出発 　　①しゅっぱつ　　②しゅんぱつ　　_____

2 生産 　　①せさん　　②せいさん　　_____

3 かんがえる　　①考える　　②歩える　　_____

4 はしる　　①歩る　　②走る　　_____

5 工事 　　①こうじ　　②こじ　　_____

● 단어의 뜻을 찾아 줄을 그어 보세요.

6 ねぼう　　・　　　　　・ ① 얌전하다

7 ていねいだ　　・　　　　　・ ② 생각하다

8 招待（しょうたい）　　・　　　　　・ ③ 늦잠

9 考（かんが）える　　・　　　　　・ ④ 공손하다, 신중하다

10 大人（おとな）しい　　・　　　　　・ ⑤ 초대

DAY6
데일리 테스트
정답
1 ① 출발　**2** ② 생산　**3** ① 생각하다　**4** ② 달리다　**5** ① 공사
6 ③　**7** ④　**8** ⑤　**9** ②　**10** ①

실력 체크

한 주 동안 외운 단어를
점검해 봅시다!

🖊 단어의 **읽는 법**과 **의미**를 써 봅시다.　🔊 MP3 2-2-1

단 어		단 어	
□ (お)茶	읽는법 의 미	□ れいぞうこ	읽는법 의 미
□ 氷	읽는법 의 미	□ ひえる	읽는법 의 미
□ 牛肉	읽는법 의 미	□ 足りる	읽는법 의 미
□ 食料品	읽는법 의 미	□ 食べ物	읽는법 의 미
□ うまい	읽는법 의 미	□ すいか	읽는법 의 미
□ からい	읽는법 의 미	□ たまねぎ	읽는법 의 미
□ 野菜	읽는법 의 미	□ かたい	읽는법 의 미
□ 米	읽는법 의 미	□ 苦い	읽는법 의 미
□ 豆	읽는법 의 미	□ 甘い	읽는법 의 미
□ 魚	읽는법 의 미	□ 好きだ	읽는법 의 미

🖉 단어의 **읽는 법**과 **의미**를 써 봅시다.   🔊 MP3 2-2-2

단 어		단 어	
□ 屋上	읽는법 의 미	□ かざる	읽는법 의 미
□ 水道	읽는법 의 미	□ 重い	읽는법 의 미
□ 台所	읽는법 의 미	□ 軽い	읽는법 의 미
□ 部屋	읽는법 의 미	□ おしいれ	읽는법 의 미
□ ひっこし	읽는법 의 미	□ 地下	읽는법 의 미
□ 住む	읽는법 의 미	□ なる	읽는법 의 미
□ 机	읽는법 의 미	□ きたない	읽는법 의 미
□ 紙	읽는법 의 미	□ いやだ	읽는법 의 미
□ こしょう	읽는법 의 미	□ きれいだ	읽는법 의 미
□ つつむ	읽는법 의 미	□ 必要だ	읽는법 의 미

단어의 **읽는 법**과 **의미**를 써 봅시다.　　（ MP3 2-2-3 ）

단 어		단 어	
□ せんたく	읽는법	□ さわる	읽는법
	의 미		의 미
□ 世話	읽는법	□ はく	읽는법
	의 미		의 미
□ るす	읽는법	□ こわい	읽는법
	의 미		의 미
□ 歩く	읽는법	□ 電気	읽는법
	의 미		의 미
□ 眠る	읽는법	□ だんぼう	읽는법
	의 미		의 미
□ 起きる	읽는법	□ (お)宅	읽는법
	의 미		의 미
□ 日記	읽는법	□ 貸す	읽는법
	의 미		의 미
□ そうじ	읽는법	□ 借りる	읽는법
	의 미		의 미
□ しかる	읽는법	□ 返す	읽는법
	의 미		의 미
□ おどろく	읽는법	□ うれしい	읽는법
	의 미		의 미

✏️ 단어의 **읽는 법**과 **의미**를 써 봅시다.   🔊 MP3 2-2-4

단 어		단 어	
□ 交通	읽는법 의 미	□ こむ	읽는법 의 미
□ 自転車	읽는법 의 미	□ 便利だ	읽는법 의 미
□ 自動車	읽는법 의 미	□ 不便だ	읽는법 의 미
□ 地下鉄	읽는법 의 미	□ 特急	읽는법 의 미
□ 船	읽는법 의 미	□ 予約	읽는법 의 미
□ 乗る	읽는법 의 미	□ 入口	읽는법 의 미
□ くうこう	읽는법 의 미	□ 駐車場	읽는법 의 미
□ 飛行機	읽는법 의 미	□ 押す	읽는법 의 미
□ 利用	읽는법 의 미	□ 引く	읽는법 의 미
□ 通る	읽는법 의 미	□ ふくざつだ	읽는법 의 미

DAY 5

학습 날짜 ____ / ____　　달성 목표 20개 중 ____개 암기!

 단어의 읽는 법과 의미를 써 봅시다.　　🔊 MP3 2-2-5

단 어			단 어		
□ 安心	읽는법		□ 減る	읽는법	
	의 미			의 미	
□ 案内	읽는법		□ あぶない	읽는법	
	의 미			의 미	
□ 運転	읽는법		□ 速い	읽는법	
	의 미			의 미	
□ 注意	읽는법		□ 交番	읽는법	
	의 미			의 미	
□ 伝える	읽는법		□ 火事	읽는법	
	의 미			의 미	
□ 危険だ	읽는법		□ 事故	읽는법	
	의 미			의 미	
□ 地図	읽는법		□ 困る	읽는법	
	의 미			의 미	
□ お知らせ	읽는법		□ 忘れる	읽는법	
	의 미			의 미	
□ 交差点	읽는법		□ 大丈夫だ	읽는법	
	의 미			의 미	
□ 増える	읽는법		□ 安全だ	읽는법	
	의 미			의 미	

🖉 단어의 읽는 법과 의미를 써 봅시다.　🔊 MP3 2-2-6

단 어		단 어	
□ 工事	읽는법 의 미	□ ひろう	읽는법 의 미
□ 試合	읽는법 의 미	□ 大人しい	읽는법 의 미
□ 出発	읽는법 의 미	□ ていねいだ	읽는법 의 미
□ 生産	읽는법 의 미	□ けんか	읽는법 의 미
□ 考える	읽는법 의 미	□ さんせい	읽는법 의 미
□ 答える	읽는법 의 미	□ 反対	읽는법 의 미
□ 中止	읽는법 의 미	□ ねぼう	읽는법 의 미
□ 帰国	읽는법 의 미	□ しっぱい	읽는법 의 미
□ 招待	읽는법 의 미	□ 渡す	읽는법 의 미
□ 走る	읽는법 의 미	□ 呼ぶ	읽는법 의 미

문제 1 _____의 단어는 히라가나로 어떻게 씁니까? 1·2·3·4 중 가장 적당한 것을 하나 고르세요.

1 明日の かいぎは 中止です。 내일 회의는 중지입니다.

1 じゅうと　　2 じゅうし　　3 ちゅうと　　4 ちゅうし

2 かばんが 買いたいのに お金が 足りません。

가방을 사고 싶은데 돈이 부족합니다.

1 たりません　　　　　　　2 あしりません

3 たしりません　　　　　　4 ありません

문제 2 _____의 단어는 어떻게 씁니까? 1·2·3·4에서 가장 적당한 것을 하나 고르세요.

3 この スイチを おせば、電気が つきます。

이 스위치를 누르면 전기가 켜집니다.

1 申せば　　2 伸せば　　3 押せば　　4 甲せば

4 この 町は こうつうが べんりです。 이 마을은 교통이 편합니다.

1 公道　　　2 交通　　　3 公通　　　4 交道

문제 3 (　　)에 무엇을 넣습니까? 1·2·3·4에서 가장 적당한 것을 하나 고르세요.

5 この きかいは 使い方を まちがえると (　　　) です。

이 기계는 사용법을 틀리면 위험합니다.

1 けっこう　　2 きけん　　3 じゆう　　4 あんぜん

6 やわらかい　パンより　（　　　　）パンが　すきだ。

부드러운 빵보다 딱딱한 빵을 좋아한다.

1　あたたかい　　　　　　　　2　すっぱい

3　まるい　　　　　　　　　　4　かたい

문제 4 ＿＿의 문장과 대체로 같은 의미의 문장이 있습니다. 1·2·3·4에서 가장 적당한 것을 하나 고르세요.

7 もっと　ていねいに　かいて　ください。더 정성스럽게 써 주세요.

1　もっと　おおきく　かいて　ください。

2　もっと　きれいに　かいて　ください。

3　もっと　ふとく　かいて　ください。

4　もっと　かんたんに　かいて　ください。

문제 5 다음 단어의 쓰임으로 가장 적당한 것을 1·2·3·4에서 하나 고르세요.

8 るす　부재중

1　さいきん　いそがしくて、しごとが　るすに　なりません。

2　あの　デパートは　きょうは　るすです。

3　この　ひこうきには　るすの　せきが　ありません。

4　ともだちの　いえに　行ったら　るすでした。

실전 JLPT 도전 정답

1 4　**2** 1　**3** 3　**4** 2　**5** 2　**6** 4　**7** 2　**8** 4

WEEK 03

3 주 째

時間がない！
もっとがんばろう！

📖 예문과 함께 적중 어휘를 외워 봅시다. 　🔊 MP3 2-3-1

01 あに **兄** 명 형, 오빠　⑫㉓	わたし 私の　🖊️兄　は イギリスに 住んで います。 저의 형(오빠)은 영국에 살고 있습니다. ➕ 姉 (あね) 명 누나, 언니
02 いもうと **妹** 명 여동생　⑬	妹　は おしゃべりだ。静かなのは、食事の とき 時だけだ。 여동생은 수다쟁이다. 조용한 것은 식사할 때 뿐이다. ➕ 弟 (おとうと) 명 남동생
03 か ぞく **家族** 명 가족	家族　で 山の 中に ある ホテルに 泊まりま した。 가족과 함께 산 속에 있는 호텔에 묵었습니다.
04 りょうしん **両親** 명 부모님　⑪⑬	くに 国の　両親　に にもつを 送りました。 고국의 부모님에게 짐을 보냈습니다. 🔁 親 (おや) 명 어버이, 부모
05 ははおや **母親** 명 모친, 어머니　⑪	おとこ こ かお 男の子の 顔は　母親　に にるという。 남자아이의 얼굴은 어머니를 닮는다고 한다. ➕ 父親 (ちちおや) 명 부친, 아버지
06 **そふ** 명 조부, 할아버지	そふ　は 90さいで とても 元気です。 할아버지는 90살이고, 매우 건강합니다. ➕ そぼ 명 조모, 할머니

07 じぶん ⑩
自分
명 자기, 자신

✎自分 を 知る ことは 難しい。
자신을 아는 것은 어렵다.

08 だんせい ⑫⑬
男性
명 남성, 남자

男性 の お手洗いは あちらです。
남자 화장실은 저쪽입니다.
➕ 女性 (じょせい) 명 여성, 여자 ㉑

09 おおぜい ⑭
명 여럿, 많은 사람

コンサートには おおぜい が いた。
콘서트에는 많은 사람이 있었다.

10 きびしい ⑫⑮
イ 엄하다, 격렬하다

山田先生は 学生に きびしい 。
야마다 선생님은 학생에게 엄하다.

11 しんせつ ⑪㉑
親切だ
ナ 친절하다

この 病院の お医者さんは とても 親切 です。
이 병원의 의사 선생님은 매우 친절합니다.
≒ やさしい イ 상냥하다, 마음씨가 곱다

12 たいせつ ⑭
大切だ
ナ 소중하다, 중요하다

自分を 大切 に して ください。
자신을 소중히 해 주세요.
≒ 大事だ (だいじだ) ⑭ ナ 소중하다, 중요하다

13 にる ⑫⑮
동 닮다

私の 妹 は 母と 声が にて います。
나의 여동생은 엄마와 목소리가 닮았습니다.

14	**あいさつする**⑭ **명** 인사하다	彼女は 私に 「おはようございまず」と あいさつ を した。 그녀는 나에게 "좋은 아침이에요"라고 인사를 했다.
15	**うそ** ⑬⑮⑳ **명** 거짓말	弟 は 私に うそ を ついた。 남동생은 나에게 거짓말을 했다.
16	**(お)れい** ⑪⑭ **명** 답례 인사, 답례 선물	おみやげを もらったので おれい を 言いま した。 선물(기념품)을 받아서 답례 인사를 했습니다.
17	**(お)いわい** ⑭ **명** 축하, 축하 선물	父は たんじょうびの おいわい に 時計を くれました。 아버지는 생일 축하 선물로 시계를 주었습니다.
18	**あやまる** ⑩⑪ **동** 사과하다	約束の 時間に おくれて あやまりました 。 약속 시간에 늦어서 사과했습니다.
19	**おこる** ⑭ **동** 화내다	父は おこる と ライオンのようです。 아버지는 화내면 사자 같습니다.
20	**ほめる** ⑪⑬㉑ **동** 칭찬하다	田中さんは 先生に ほめられました 。 다나카 씨는 선생님에게 칭찬받았습니다.

- 단어의 읽는 법이나 쓰는 법을 고르고, 밑줄에 뜻을 써 보세요.

    1 男性 　　　① だんせい　　② じょせい　　＿＿＿＿＿

    2 しんせつだ　① 新切だ　　　② 親切だ　　　＿＿＿＿＿

    3 いもうと　　① 弟　　　　　② 妹　　　　　＿＿＿＿＿

    4 兄 　　　　① あね　　　　② あに　　　　＿＿＿＿＿

    5 両親 　　　① りょうしん　② りょしん　　＿＿＿＿＿

- 단어의 뜻을 찾아 줄을 그어 보세요.

    6 ほめる　　・　　　　　・ ① 여럿, 많은 사람

    7 にる　　　・　　　　　・ ② 칭찬하다

    8 きびしい　・　　　　　・ ③ 닮다

    9 大切だ　　・　　　　　・ ④ 엄하다, 격렬하다
    ^{たいせつ}

    10 おおぜい　・　　　　　・ ⑤ 중요하다

**DAY1
데일리 테스트
정답**

1 ① 남성　**2** ② 친절하다　**3** ② 여동생　**4** ② 형(오빠)　**5** ① 부모님
6 ②　**7** ③　**8** ④　**9** ⑤　**10** ①

🏴 예문과 함께 적중 어휘를 외워 봅시다. 🔊 MP3 2-3-2

01 うんどう ⑫㉑ **運動**する 명운동하다	毎日 🖉運動 を 続けたら、 元気に なった。 매일 운동을 계속했더니 건강해졌다. ➕ 運動場（うんどうじょう）명운동장
02 えいが ⑭㉑ **映画** 명영화	土曜日の 午後、 映画 を 見に 行きませんか。 토요일 오후에 영화를 보러 가지 않을래요?
03 おんがく **音楽** 명음악	私は クラシック 音楽 が 大好きです。 저는 클래식 음악을 너무 좋아합니다. ➕ ひく 동악기를 연주하다, 켜다, 치다
04 しゃしん **写真** 명사진	すずきさん、 その 写真 を 見せて ください。 스즈키 씨, 그 사진을 보여 주세요.
05 およ ⑭⑮ **泳ぐ** 동헤엄치다	ホテルに いる 間は 散歩を したり、 湖 で 泳いだり しました。 호텔에 있는 동안은 산책하거나 호수에서 수영하거나 했습니다. ➕ 水泳（すいえい）명수영
06 ⑫ **おどる** 동춤추다	あそこで おどって いるのが 田中さんです。 저기에서 춤추고 있는 사람이 다나카 씨입니다. ➕ おどり 명춤

07 ⑪
しょうせつ
小説
图소설

この ✏小説 は おもしろかったです。
이 소설은 재미있었습니다.
➕ 読む (よむ) 图 읽다

08 ⑬
りょこう
旅行する
图여행하다

どこに 旅行 に 行くか、クラスの みんな
に 聞いて みます。
어디로 여행을 갈지 반 친구들에게 물어보겠습니다.

09 ⑭
おも　で
思い出
图추억

この 旅行は いい 思い出 に なるでしょう。
이 여행은 좋은 추억이 될 거예요.

10 ⑭
たの
楽しい
ㄱ즐겁다

写真を とるのは 楽しい です。
사진을 찍는 것은 즐겁습니다.

11
つまらない
ㄱ시시하다, 재미없다

映画が つまらない ので 映画館に 人が
一人も いない。
영화가 재미없어서 영화관에 사람이 한 명도 없다.

12
じょうず
上手だ
ナ잘하다, 능숙하다

マイクは 日本語で 話すのが 上手です 。
마이크는 일본어로 말하는 게 능숙합니다.

13
へ　た
下手だ
ナ못하다, 서툴다

彼女は 料理が 下手です 。
그녀는 요리가 서툽니다.

14 けいけん ⑪⑬⑲㉓
経験する
명 경험하다

日本で いろいろな ✎経験 を しました。
일본에서 다양한 경험을 했습니다.

---

15 よ てい ⑫⑮⑱⑲
予定
명 예정

明日から 三日間 東京へ 行く 予定 です。
내일부터 3일간 도쿄에 갈 예정입니다.

16
しゅみ
명 취미

私の しゅみ は 切手を 集める ことです。
저의 취미는 우표를 모으는 것입니다.

---

17 あそ
遊ぶ
동 놀다

明日 学校が 休みなので 友だちの 家に
遊びに 行きます。
내일 학교가 쉬는 날이라서 친구 집에 놀러 갑니다.

18
かつ
동 이기다

どちらが かっても うれしいです。
어느 쪽이 이겨도 기쁩니다.

---

19 ⑳
まける
동 지다

だれが かつか まけるか わかりません。
누가 이기고 질지 모르겠습니다.

---

20 と
泊まる
동 숙박하다, 머무르다

今夜 泊まる ホテルが まだ 決まって
いない。
오늘 밤에 머물 호텔이 아직 정해지지 않았다.

- 단어의 읽는 법이나 쓰는 법을 고르고, 밑줄에 뜻을 써 보세요.

  1 小説   ① しょうせつ   ② しょせつ   _____

  2 旅行   ① りょうこう   ② りょこう   _____

  3 けいけん   ① 経験   ② 経険   _____

  4 うんどう   ① 運転   ② 運動   _____

  5 予定   ① よてい   ② ようてい   _____

- 어울리는 단어를 찾아 줄을 긋고, 밑줄에 의미를 써 봅시다.

  6 泊まる •   • ① 헤엄치다

  7 おどる •   • ② 숙박하다, 머무르다

  8 楽しい •   • ③ 춤추다

  9 泳ぐ •   • ④ 추억

  10 思い出 •   • ⑤ 즐겁다

DAY2
데일리 테스트
정답

1 ① 소설   **2** ② 여행   **3** ① 경험   **4** ② 운동   **5** ① 예정
6 ②   **7** ③   **8** ⑤   **9** ①   **10** ④

🚩 예문과 함께 적중 어휘를 외워 봅시다.   🔊 MP3 2-3-3

---

01 ⑬
からだ
体
몡 몸

✏️体 が じょうぶで かぜを ひいた ことが
ない。
몸이 튼튼해서 감기에 걸린 적이 없다.
➕ じょうぶだ ナ 튼튼하다

---

02 ⑮
あたま
頭
몡 머리

あね
姉は すごく 頭 が いい。
누나(언니)는 굉장히 머리가 좋다.
➕ 痛い (いたい) イ 아프다

---

03 ⑭
あし
足
몡 다리

お
かいだんから 落ちて 足 を けがして しま
いました。
계단에서 떨어져서 발을 다치고 말았습니다.
↔ 手 (て) 몡 손

---

04 ⑭⑱
かお
顔
몡 얼굴

なに
顔 に 何か ついて いますよ。
얼굴에 뭔가 붙어 있어요.

---

05 ⑩⑱
とじる
통 (눈을) 감다,
(책을) 덮다

め   かんが
目を とじて 考えて みて ください。
눈을 감고 생각해 보세요.
➕ 目 (め) 몡 눈

---

06 ⑪⑳
ねむ
眠い
イ 졸리다

の
とても 眠かった ので、コーヒーを 飲み
ました。
너무 졸려서 커피를 마셨습니다.

---

07 ⑬ ゆび **指** 명손가락	けがを した ✏指 を 見せて ください。 다친 손가락을 보여주세요.
08 は **歯** 명이, 치아	わたし 私 は 1日に 3回 歯 を みがこうと して います。 저는 1일 3번 이를 닦으려고 하고 있습니다. ➕ みがく 동 (이를) 닦다
09 おなか 명배(신체부위)	ごはんを 食べすぎて おなか が いっぱい です。 밥을 너무 많이 먹어서 배가 부릅니다.
10 せ 명키, 신장	おとうと わたし たか 弟 は 私より せ が 高いです。 남동생은 저보다 키가 큽니다.
11 うで 명팔	かれ た 彼は うで をくんで 立って いた。 그는 팔짱을 끼고 서 있었다.
12 かみ 명머리카락	あたら あら 新しい シャンプーで かみ を 洗いました。 새로운 샴푸로 머리를 감았습니다
13 ひく **低い** ㄱ낮다, (키가) 작다	やまだ いちばん 山田さんが クラスで 一番 せが 低い です。 야마다 씨가 반에서 가장 키가 작습니다.

14 首
くび
명 목, 고개

きゅうに ✐首 が 痛くなりました。
갑자기 목이 아파졌습니다.

15 のど ㉑
명 목, 목구멍

のど も 痛くて はなみずも 出ます。
목도 아프고 콧물도 나옵니다.

16 せなか
명 등

せなか に ニキビが できました。
등에 여드름이 생겼습니다.

17 声
こえ ㉒
명 목소리

朝早く 家の 外で だれかが 話す 声 が
聞こえたので 起きて しまった。
아침 일찍 집 밖에서 누군가가 이야기하는 목소리가
들려서 일어나고 말았다.

➕ 音 (おと) **명** 소리, 음

18 力
ちから
명 힘

彼は うでの 力 が 強い。
그는 팔의 힘이 세다.

19 ふとい
イ 굵다, 두껍다

ダイエットを しても 足は ふとい です。
다이어트를 해도 다리는 굵습니다.

20 ほそい
イ 가늘다, 좁다

ゆびを ほそく する テクニックを 教えて
ください。
손가락을 가늘게 하는 테크닉을 가르쳐 주세요.

● 단어의 읽는 법이나 쓰는 법을 고르고, 밑줄에 뜻을 써 보세요.

1 あたま　　①豆　　　②頭　　　_____

2 顔　　　　①くび　　②かお　　_____

3 からだ　　①体　　　②休　　　_____

4 あし　　　①足　　　②促　　　_____

5 ゆび　　　①指　　　②旨　　　_____

● 단어의 뜻을 찾아 줄을 그어 보세요.

6 とじる　　・　　　　　・　①목소리

7 ふとい　　・　　　　　・　②(눈을) 감다, (책을) 덮다

8 声
<small>こえ</small>　　・　　　　　・　③키, 신장

9 せ　　　　・　　　　　・　④가늘다, 좁다

10 ほそい　　・　　　　　・　⑤굵다, 두껍다

🚩 예문과 함께 적중 어휘를 외워 봅시다.　　🔊 MP3 2-3-4

| 01 | くすり ⑬⑭
薬
몡약 | バンドエイドと ✏薬 を ください。
반창고와 약을 주세요.
➕ 薬屋 (くすりや) 몡 약국 |

| 02 | ねつ ⑬⑮㉓
몡열 | ねつ が あるので、病院(びょういん)に よってから
会社(かいしゃ)に 行(い)きます。
열이 있어서 병원에 들르고 나서 회사에 가겠습니다. |

| 03 | にゅういん ⑫
入院する
몡입원하다 | 病気(びょうき)で 一週間(いっしゅうかん) 入院 しました。
병으로 일주일 동안 입원했습니다.
↔ 退院 (たいいん) 몡 퇴원 |

| 04 | きぶん ⑮
気分
몡기분, 컨디션 | よく 寝(ね)たので 気分 が よく なった。
잘 자서 컨디션이 좋아졌다.
≒ 気持ち (きもち) ⑬ 몡 기분, 감정 |

| 05 | (お)みまい ⑬⑳
몡병문안 | 私(わたし)が 入院(にゅういん)した 時(とき)、友(とも)だちが おみまい
に 来(き)て くれました。
내가 입원했을 때 친구들이 병문안을 와 주었습니다. |

| 06 | ふとる ⑩⑫
동살찌다 | うちの 犬(いぬ)は たくさん 食(た)べるので
ふとって います。
우리집 강아지는 많이 먹어서 뚱뚱합니다.
↔ やせる 동 마르다 |

07 びょう き **病気** 몡병	子どもの ✐病気 が よく なりました。 아이의 병이 좋아졌습니다.
08 けが ⑫ 몡상처, 부상	たいいくの 授業中に けが を した。 じゅぎょうちゅう 체육 수업 중에 상처를 입었다.
09 かぜ 몡감기	先週は かぜ で 学校を 休みました。 せんしゅう　　　　　　がっこう　やす 지난주는 감기로 학교를 쉬었습니다.
10 なおる ⑩ 동(병이) 낫다	かぜが なおる のに 一週間 かかりました。 いっしゅうかん 감기가 낫는데 일주일 걸렸습니다.
11 たおれる 동쓰러지다	元気な 山田さんが 病気で たおれました 。 げんき　やまだ　　　　びょうき 건강한 야마다 씨가 병으로 쓰러졌습니다.
12 つよ ⑬ **強い** イ세다, 강하다	ストレスに 強い 人に なりたい。 ひと 스트레스에 강한 사람이 되고 싶다.
13 よわ ⑩⑱㉓ **弱い** イ약하다	彼女は 若くて 美しいが、体が 弱い 。 かのじょ　わか　　うつく　　　　からだ 그녀는 젊고 예쁘지만 몸이 약하다.

14 ⑭
きんえん
명 금연

ここは 🖊 きんえん です。たばこを 消して ください。

여기는 금연입니다. 담배를 꺼 주세요.

15 ⑬⑳
しゅうかん
명 습관

たばこは 悪い しゅうかん です。

담배는 나쁜 습관입니다.

16
けんこう
명 건강

歩くのは けんこう に いいです。

걷는 것은 건강에 좋습니다.

17 ⑳
ぐあい
명 상태, 컨디션

ぐあい が 悪かったら この 薬を 飲んで ください。

컨디션이 나쁘면 이 약을 드세요.

18 ⑬
やめる
동 그만두다, (담배 등을) 끊다

父は タバコを やめる と 約束しました。

아버지는 담배를 끊는다고 약속했습니다.

19 ⑫⑭
元気だ
ナ 건강하다, 활기차다

毎日 やさい ジュースを 飲んだら 元気に なりました。

매일 채소 주스를 마셨더니 건강해졌습니다.

20 ⑮㉑
心配だ
ナ 걱정스럽다

そふの けんこうが 心配です 。

할아버지의 건강이 걱정입니다.

● 단어의 읽는 법이나 쓰는 법을 고르고, 밑줄에 뜻을 써 보세요.

1 入院　　　① にゅういん　　② にゅいん　　_____

2 くすり　　　① 楽　　　　　② 薬　　　　　_____

3 強い　　　　① つよい　　　② よわい　　　_____

4 病気　　　　① びょうき　　② びょき　　　_____

5 げんきだ　　① 天気だ　　　② 元気だ　　　_____

● 단어의 뜻을 찾아 줄을 그어 보세요.

6 やめる　　　・　　　　・　① 병문안

7 ねつ　　　　・　　　　・　② 살찌다

8 おみまい　　・　　　　・　③ 상처, 부상

9 ふとる　　　・　　　　・　④ 그만두다, (담배 등을) 끊다

10 けが　　　　・　　　　・　⑤ 열

🚩 예문과 함께 적중 어휘를 외워 봅시다. 🔊 MP3 2-3-5

---

01 こんど ⑬
今度
명 이번, 이다음

✏️ 今度 遊びに 来て ください。
다음에 (언제 또) 놀러 오세요.

---

02 いち ど ⑮
一度
명 한번, 일회, 한 차례

ぜひ 一度 読んで 見て ください。
부디 한번 읽어 보세요.

---

03 さいしょ ⑪
最初
명 최초, 처음

最初 の ページを 見て ください。
첫 페이지를 보세요.
↪ はじめ 처음

---

04 さい ご ⑪⑱㉑
最後
명 최후, 마지막

最後 に テストを しました。
마지막에 테스트를 봤습니다.

---

05 おく ⑭
遅れる
동 늦다

電車が 止まって 30分ぐらい 遅れ そうです。
전철이 멈춰서 30분 정도 늦을 것 같습니다.

---

06 ま あ ⑫
間に 合う
동 시간에 맞게
당도하다

バスが 遅れて、会議の 時間に
間に 合いませんでした 。
버스가 늦어서 회의 시간에 도착하지 못 했습니다.

---

07 こんや ⑭
今夜
图오늘 밤

✏今夜 は 早く 寝ようと 思います。

오늘 밤은 일찍 자려고 합니다.

⇔ 今朝 (けさ) 图오늘 아침

---

08 ゆうがた ⑪
夕方
图저녁 무렵

夕方 、雨が ふりました。

저녁 무렵 비가 내렸습니다.

---

09 ひるやすみ
昼休み
图점심 시간

会社の 昼休み に 寝ました。

회사 점심시간에 잤습니다.

⊕ 昼間 (ひるま) 图낮 동안

---

10 まいあさ
毎朝
图매일 아침

私は 毎朝 水を 飲む。

나는 매일 아침 물을 마신다.

---

11 いじょう ⑱㉑㉒
以上
图이상

駅から 2時間 以上 バスに 乗って ホテルまで 来ました。

역에서 2시간 이상 버스를 타고 호텔까지 왔습니다.

⊕ 以下 (いか) 图이하

---

12 いぜん
以前
图이전

以前 は 酒を 飲まなかったです。

이전에는 술을 마시지 않았습니다.

⇔ 以後 (いご) 图이후

---

13 ごぜん
午前
图오전

公園は 午前 6時から 午後 9時までです。

공원은 오전 6시부터 오후 9시까지입니다.

⇔ 午後 (ごご) 图오후

14 しょうらい
将来
명장래, 미래

私は ✏️将来 大学で 教えたいと 思って
います。
저는 장래에 대학교에서 가르치고 싶습니다.

---

15 と ちゅう ⑲
途中
명도중

途中で 少し 休みました。
도중에 조금 쉬었습니다.

---

16 つ ごう ⑫㉑㉓
都合
명형편, 사정

都合 が よろしければ、オフィスに 来て
ください。
시간이 되신다면 오피스로 와 주세요.

---

17 さいきん ㉓
最近
명최근

最近 仕事が いそがしくて 帰るのが 遅く
なる ことが 多いです。
최근 일이 바빠서 귀가하는 것이 늦어질 때가 많습
니다.

---

18 なが
長い
형길다

レポートを 書くのに 長い 時間が かかった。
레포트를 쓰는데 오랜 시간이 걸렸다.

---

19 みじか
短い
형짧다

この 10年間は 長くて 短い 時間でした。
이 10년간은 길고도 짧은 시간이었습니다.

---

20 はや
早い
형(시간이) 이르다

疲れて いたから 早く 寝ようと 思います。
피곤해서 일찍 자려고 합니다.

● 단어의 읽는 법이나 쓰는 법을 고르고, 밑줄에 뜻을 써 보세요.

1 遅れる   ① おくれる   ② おそれる   _____

2 今度   ① こんどう   ② こんど   _____

3 今夜   ① こんや   ② こんよる   _____

4 夕方   ① ゆうがた   ② ゆがた   _____

5 以上   ① いじょ   ② いじょう   _____

● 단어의 뜻을 찾아 줄을 그어 보세요.

6 最初(さいしょ)   ・   ・ ① 형편, 사정

7 将来(しょうらい)   ・   ・ ② 최초, 처음

8 都合(つごう)   ・   ・ ③ 시간에 맞게 당도하다

9 間(ま)に合(あ)う   ・   ・ ④ 최후

10 最後(さいご)   ・   ・ ⑤ 장래, 미래

DAY5
데일리 테스트
정답

1 ① 늦다   **2** ② 이번, 이 다음   **3** ① 오늘 밤   **4** ① 저녁 무렵   **5** ② 이상
6 ②   **7** ⑤   **8** ①   **9** ③   **10** ④

🏳 예문과 함께 적중 어휘를 외워 봅시다. 🔊 MP3 2-3-6

01 あお **青い** 🔷파랗다 ⑪	すずきさんは ✏️青い シャツを 着て います。 스즈키 씨는 파란 셔츠를 입고 있습니다.
02 あか **赤い** 🔷빨갛다 ⑬⑲㉒	この 赤い 自転車は だれの ですか。 이 빨간 자전거는 누구 거예요?
03 しろ **白い** 🔷하얗다 ⑪㉑㉓	彼女は 白い くつを はいて いた。 그녀는 하얀 구두를 신고 있었다.
04 くろ **黒い** 🔷검다 ⑮	母が 赤い ベルトと 黒い ドレスを 買って くれました。 어머니가 빨간 벨트와 검은 드레스를 사 주었습니다.
05 **きいろい** 🔷노랗다	女の子は きいろい リボンを つけて いた。 여자 아이는 노란 리본을 달고 있었다.
06 に あ **似合う** 🔶어울리다 ⑩⑬⑲	私に 似合う スーツを 見つけました。 저에게 어울리는 슈트(양복)를 찾았습니다.

3주째 **249**

07 ちゃいろ **茶色** 몡갈색	✏️ 茶色 の ドレスに 合う くつを さがして います。 갈색 드레스에 맞는 구두를 찾고 있습니다.
08 **みどり** 몡초록, 녹색	その みどり の ぼうしは あなたに よく に あ おも 似合うと 思います。 그 녹색 모자는 당신에게 잘 어울린다고 생각합니다.
09 ようふく **洋服** 몡양복, 옷	はは たんじょう び はな 母の 誕生日に 花と 洋服 を プレゼント しました。 어머니 생일에 꽃과 옷을 선물했습니다. ➕ 服 (ふく) 몡 옷
10 **てぶくろ** 몡장갑	さむ あたら か 寒く なって 新しい てぶくろ を 買いました。 추워져서 새로운 장갑을 샀습니다.
11 **ゆびわ** 몡반지	たか やす この ゆびわ は 高いですね。もっと 安いの み を 見せて ください。 이 반지는 비싸네요. 더 싼 것을 보여주세요.
12 き **着る** 통입다	に ほんじん たいへん 日本人でも きものを 着る のは 大変です。 일본인이라도 기모노를 입는 것은 힘듭니다. ↔ ぬぐ 통 벗다
13 あたら **新しい** ⑬ ᐨ새롭다	新しい かぐが ほしいです。 새로운 가구를 갖고 싶습니다.

14
うわ ぎ
上着
圏겉옷

✏️上着 を 脱いでも いいですか。
겉 옷을 벗어도 됩니까?
⇔ 下着 (したぎ) 圏속옷

15
はく
圄신다,
　(바지 등을)입다

明日は 大事な お客さまに 会うから、新しい
くつを はいて きて ください。
내일은 중요한 손님을 만나니까 새 구두를 신고
오세요.

16
ちが
違う
圄다르다

せいふくは 学校に よって 違います 。
교복은 학교에 따라 다릅니다.

17
えら
選ぶ
圄선택하다

弟 と そうだんして 母に あげる プレゼント
を 選びました 。
남동생과 상의해서 어머니에게 줄 선물을 골랐습니다.

18
とりかえる ⑫
圄바꾸다, 교환하다

服が 大きいので とりかえて ください。
옷이 크니까 바꿔 주세요.

19
かぶる
圄(모자 등을) 쓰다

そふは いつも ぼうしを かぶって 出かけ
ます。
할아버지는 항상 모자를 쓰고 외출합니다.

20
おな
同じだ
ナ같다

友だちと 同じ 色の かばんを 買いました。
친구들과 같은 색의 가방을 샀습니다.
➕ 同じだが 명사를 꾸밀 때 주의사항!
同じだ+명사=同じだ명사

DAY 6 데일리 테스트

● 단어의 읽는 법이나 쓰는 법을 고르고, 밑줄에 뜻을 써 보세요.

1 くろい ① 白い ② 黒い _____

2 あたらしい ① 新しい ② 親しい _____

3 違う ① ちがう ② ちかう _____

4 あかい ① 明い ② 赤い _____

5 青い ① あおい ② しろい _____

● 단어의 뜻을 찾아 줄을 그어 보세요.

6 きいろい ・ ・ ① (모자 등을) 쓰다

7 はく ・ ・ ② 신다, (바지 등을) 입다

8 似合う ・ ・ ③ 노랗다

9 かぶる ・ ・ ④ 바꾸다, 교환하다

10 とりかえる ・ ・ ⑤ 어울리다

실력 체크

한 주 동안 외운 단어를
점검해 봅시다!

DAY 1

학습 날짜 ___ / ___   달성목표 20개중 ___개 암기!

 단어의 **읽는 법**과 **의미**를 써 봅시다.   ◀))) MP3 2-3-1

단 어			단 어		
□ 兄	읽는법		□ 親切だ	읽는법	
	의 미			의 미	
□ 妹	읽는법		□ 大切だ	읽는법	
	의 미			의 미	
□ 家族	읽는법		□ にる	읽는법	
	의 미			의 미	
□ 両親	읽는법		□ あいさつ	읽는법	
	의 미			의 미	
□ 母親	읽는법		□ うそ	읽는법	
	의 미			의 미	
□ そふ	읽는법		□ (お)れい	읽는법	
	의 미			의 미	
□ 自分	읽는법		□ (お)いわい	읽는법	
	의 미			의 미	
□ 男性	읽는법		□ あやまる	읽는법	
	의 미			의 미	
□ おおぜい	읽는법		□ おこる	읽는법	
	의 미			의 미	
□ きびしい	읽는법		□ ほめる	읽는법	
	의 미			의 미	

✏️ 단어의 **읽는 법**과 **의미**를 써 봅시다.　🔊 MP3 2-3-2

단 어		
□ 運動	읽는법	
	의 미	
□ 映画	읽는법	
	의 미	
□ 音楽	읽는법	
	의 미	
□ 写真	읽는법	
	의 미	
□ 泳ぐ	읽는법	
	의 미	
□ おどる	읽는법	
	의 미	
□ 小説	읽는법	
	의 미	
□ 旅行	읽는법	
	의 미	
□ 思い出	읽는법	
	의 미	
□ 楽しい	읽는법	
	의 미	

단 어		
□ つまらない	읽는법	
	의 미	
□ 上手だ	읽는법	
	의 미	
□ 下手だ	읽는법	
	의 미	
□ 経験	읽는법	
	의 미	
□ 予定	읽는법	
	의 미	
□ しゅみ	읽는법	
	의 미	
□ 遊ぶ	읽는법	
	의 미	
□ かつ	읽는법	
	의 미	
□ まける	읽는법	
	의 미	
□ 泊まる	읽는법	
	의 미	

✏️ 단어의 읽는 법과 의미를 써 봅시다.   🔊 MP3 2-3-3

단 어		
□ 体	읽는법	
	의 미	
□ 頭	읽는법	
	의 미	
□ 足	읽는법	
	의 미	
□ 顔	읽는법	
	의 미	
□ とじる	읽는법	
	의 미	
□ 眠い	읽는법	
	의 미	
□ 指	읽는법	
	의 미	
□ 歯	읽는법	
	의 미	
□ おなか	읽는법	
	의 미	
□ せ	읽는법	
	의 미	

단 어		
□ うで	읽는법	
	의 미	
□ かみ	읽는법	
	의 미	
□ 低い	읽는법	
	의 미	
□ 首	읽는법	
	의 미	
□ のど	읽는법	
	의 미	
□ せなか	읽는법	
	의 미	
□ 声	읽는법	
	의 미	
□ 力	읽는법	
	의 미	
□ ふとい	읽는법	
	의 미	
□ ほそい	읽는법	
	의 미	

✏️ 단어의 **읽는 법**과 **의미**를 써 봅시다. 　🔊 MP3 2-3-4

단 어		
□ 薬	읽는법	
	의 미	
□ ねつ	읽는법	
	의 미	
□ 入院	읽는법	
	의 미	
□ 気分	읽는법	
	의 미	
□ (お)みまい	읽는법	
	의 미	
□ ふとる	읽는법	
	의 미	
□ 病気	읽는법	
	의 미	
□ けが	읽는법	
	의 미	
□ かぜ	읽는법	
	의 미	
□ なおる	읽는법	
	의 미	

단 어		
□ たおれる	읽는법	
	의 미	
□ 強い	읽는법	
	의 미	
□ 弱い	읽는법	
	의 미	
□ きんえん	읽는법	
	의 미	
□ しゅうかん	읽는법	
	의 미	
□ けんこう	읽는법	
	의 미	
□ ぐあい	읽는법	
	의 미	
□ やめる	읽는법	
	의 미	
□ 元気だ	읽는법	
	의 미	
□ 心配だ	읽는법	
	의 미	

✏️ 단어의 읽는 법과 의미를 써 봅시다.   🔊 MP3 2-3-5

단 어		
□ 今度	읽는법	
	의 미	
□ 一度	읽는법	
	의 미	
□ 最初	읽는법	
	의 미	
□ 最後	읽는법	
	의 미	
□ 遅れる	읽는법	
	의 미	
□ 間に合う	읽는법	
	의 미	
□ 今夜	읽는법	
	의 미	
□ 夕方	읽는법	
	의 미	
□ 昼休み	읽는법	
	의 미	
□ 毎朝	읽는법	
	의 미	

단 어		
□ 以上	읽는법	
	의 미	
□ 以前	읽는법	
	의 미	
□ 午前	읽는법	
	의 미	
□ 将来	읽는법	
	의 미	
□ 途中	읽는법	
	의 미	
□ 都合	읽는법	
	의 미	
□ 最近	읽는법	
	의 미	
□ 長い	읽는법	
	의 미	
□ 短い	읽는법	
	의 미	
□ 早い	읽는법	
	의 미	

🖊 단어의 읽는 법과 의미를 써 봅시다.   🔊 MP3 2-3-6

단 어			단 어		
□ 青い	읽는법		□ ゆびわ	읽는법	
	의 미			의 미	
□ 赤い	읽는법		□ 着る	읽는법	
	의 미			의 미	
□ 白い	읽는법		□ 新しい	읽는법	
	의 미			의 미	
□ 黒い	읽는법		□ 上着	읽는법	
	의 미			의 미	
□ きいろい	읽는법		□ はく	읽는법	
	의 미			의 미	
□ 似合う	읽는법		□ 違う	읽는법	
	의 미			의 미	
□ 茶色	읽는법		□ 選ぶ	읽는법	
	의 미			의 미	
□ みどり	읽는법		□ とりかえる	읽는법	
	의 미			의 미	
□ 洋服	읽는법		□ かぶる	읽는법	
	의 미			의 미	
□ てぶくろ	읽는법		□ 同じだ	읽는법	
	의 미			의 미	

문제 1 ＿＿＿의 단어는 히라가나로 어떻게 씁니까? 1·2·3·4 중 가장 적당한 것을 하나 고르세요.

1 日本で いろいろな <u>経験</u>を しました。 일본에서 여러 가지 경험을 했습니다.

　1　けいけん　　2　けいげん　　3　けけん　　　4　けげん

2 今日は <u>強い</u> かぜが ふいて います。 오늘은 강한 바람이 불고 있습니다.

　1　つめたい　　　　　　　　2　あたたかい

　3　よわい　　　　　　　　　4　つよい

문제 2 ＿＿＿의 단어는 어떻게 씁니까? 1·2·3·4에서 가장 적당한 것을 하나 고르세요.

3 この <u>あかい</u> じてんしゃは だれのですか。

　이 빨간 자전거는 누구 것입니까?

　1　黒い　　　2　青い　　　3　赤い　　　4　白い

4 この <u>くすり</u>は いくらですか。 이 약은 얼마입니까?

　1　果　　　2　楽　　　3　菓　　　4　薬

문제 3 (　　)에 무엇을 넣습니까? 1·2·3·4에서 가장 적당한 것을 하나 고르세요.

5 かいだんから おちて、足を (　　) しまった。

　계단에서 떨어져서 다리를 다치고 말았다.

　1　しっぱいして　　　　　2　すてて

　3　わって　　　　　　　　4　けがして

6 あには　来月に　きこくする　（　　　　）です。

형(오빠)은 다음 달에 귀국할 예정입니다.

1　じゅんび　　2　よてい　　　3　そうだん　　4　れんらく

문제 4 _____의 문장과 대체로 같은 의미의 문장이 있습니다. 1·2·3·4에서 가장
적당한 것을 하나 고르세요.

7 さいしょの　ページを　みて　ください。첫 페이지를 봐 주세요.

1　おわりの　ページを　みて　ください

2　はじめの　ページを　みて　ください

3　つぎの　ページを　みて　ください

4　まえの　ページを　みて　ください

문제 5 다음 단어의 쓰임으로 가장 적당한 것을 1·2·3·4에서 하나 고르세요.

8 あやまる　　사과하다

1　みちが　わからなくて　ちかくの　人に　あやまりました。

2　やくそくの　時間に　おくれて　あやまりました。

3　みずが　ほしかったので、てんいんに　あやまりました。

4　しゃしんを　とって　もらったので　あやまりました。

실전 JLPT 도전 정답

1 1　**2** 4　**3** 3　**4** 4　**5** 4　**6** 2　**7** 2　**8** 2

4 주 째

やった!
合格だ!!

🏳 예문과 함께 적중 어휘를 외워 봅시다.　　🔊 MP3 2-4-1

01	⑫ べんきょう 勉強する 명 공부하다	両親に 反対されても 東京で 🖊勉強 する つもりです。 부모님이 반대해도 도쿄에서 공부할 생각입니다.

02	⑫⑮⑲ けんきゅう 研究する 명 연구하다	私は 大学院で 研究 をして、大学で 教えたいと 思って います。 저는 대학원에서 연구를 해서 대학교에서 가르치고 싶습니다.

03	⑩㉒ せつめい 説明する 명 설명하다	この 本には 英語の 説明 も 書いて あります。 이 책에는 영어 설명도 쓰여 있습니다.

04	⑭㉑㉓ い けん 意見 명 의견	クラスの みんなに 意見 を 聞いて 決めましょう。 반 친구 모두의 의견을 듣고 정합시다.

05	⑫㉒ おぼえる 동 익히다, 외우다	私は 名前を おぼえる のが 下手です。 저는 이름을 외우는 것이 서툽니다.

06	⑫㉒ かぞ 数える 동 (수를) 세다, 계산하다	はこの 中に りんごが いくつ あるか 数えて ください。 상자 안에 사과가 몇 개 있는지 세어 주세요.

07 しけん 試験 **명** 시험	きょう 今日は ✎試験 だから 昨日は バイトを やす 休んだ。 오늘은 시험이라서 어제는 아르바이트를 쉬었다.
08 しつもん 質問する **명** 질문하다	せんせい わたし むずか 先生は 私に 難しい 質問 を した。 선생님은 나에게 어려운 질문을 했다.
09 じ 字 ⑩ **명** 글씨	か 字 を もっと ていねいに 書いて ください。 글씨를 더 정성껏 써 주세요.
10 もんだい 問題 **명** 문제	じゅうよう この 問題 は とても 重要です。 이 문제는 매우 중요합니다.
11 むずか 難しい **イ** 어렵다	えいご 英語を はつおんする ことは 難しい です。 영어를 발음하는 것은 어렵습니다.
12 やさしい **イ** 쉽다, 용이하다	ほん わたし よ この 本は 私が 読めるほど やさしい 。 이 책은 내가 읽을 수 있을 만큼 쉽다.
13 かんたん 簡単だ **ナ** 간단하다, 쉽다	えいご 英語は 簡単ではない が、おもしろいです。 영어는 간단하지 않지만 재있습니다.

14 地理(ちり) ⑫
명 지리

日本(にほん)の ✏地理 について よく 知(し)って います。
일본 지리에 대해서 잘 알고 있습니다.

15 テキスト
명 교과서

テキスト の 10ページを 開(ひら)いて ください。
교과서 10페이지를 펼쳐 주세요.

16 ふくしゅうする
명 복습하다

毎日(まいにち) ふくしゅう するのが 一番(いちばん) 大切(たいせつ)です。
매일 복습하는 것이 가장 중요합니다.

17 よしゅうする ⑳㉑
명 예습하다

子(こ)どもたちは 授業(じゅぎょう)の よしゅう でいそがしい。
아이들은 수업 예습으로 바쁘다.

18 練習(れんしゅう)する
명 연습하다

私(わたし)は 10年間(ねんかん) 毎日(まいにち) ピアノの 練習 をして います。
저는 10년간 매일 피아노 연습을 하고 있습니다.

19 がんばる
동 분발하다, 힘내다

すずき君(くん)は いつも がんばって 勉強(べんきょう)している。
스즈키 군은 열심히 공부하고 있다.

20 ねっしんだ
ナ 열심이다

弟(おとうと)は ねっしんに ニュースを 聞(き)いている。
남동생은 열심히 뉴스를 듣고 있다.

● 단어의 읽는 법이나 쓰는 법을 고르고, 밑줄에 뜻을 써 보세요.

1 研究 　　　　① けんきゅう　　② げんきゅう　　_____

2 かぞえる　　　① 教える　　　　② 数える　　　　_____

3 地理　　　　　① ちり　　　　　② じり　　　　　_____

4 べんきょう　　① 勉強　　　　　② 強勉　　　　　_____

5 説明　　　　　① せいめい　　　② せつめい　　　_____

● 단어의 뜻을 찾아 줄을 그어 보세요.

6 やさしい　　　・　　　　　　　・ ① 간단하다

7 おぼえる　　　・　　　　　　　・ ② 외우다

8 ふくしゅう　　・　　　　　　　・ ③ 열심이다

9 ねっしんだ　　・　　　　　　　・ ④ 쉽다, 용이하다

10 簡単だ　　　　・　　　　　　　・ ⑤ 복습
　かんたん

🚩 예문과 함께 적중 어휘를 외워 봅시다. 🔊 MP3 2-4-2

01
きょうしつ
教室
명교실

学生たちは ✐教室 に 集まった。
학생들은 교실에 모였다.
➕ こくばん 명칠판

02
と しょかん
図書館
명도서관

この 図書館 は 本を 2 週間 借りる ことが できます。
이 도서관은 책을 2주간 빌릴 수 있습니다.

03
じゅぎょう
授業する
명수업하다

明日は 日本語の 授業 が ないので、テキストは 持って 来なくても いいです。
내일은 일본어 수업이 없어서, 교과서는 가져오지 않아도 됩니다.

04
⑪
ちこくする
명지각하다

授業に ちこく して すみません。
수업에 지각해서 죄송합니다.

05
おし
⑪
教える
동가르치다

この 漢字の 読み方を 教えて ください。
이 한자의 읽는 법을 가르쳐 주세요.

06
⑫
さわぐ
동떠들다

教室で こどもが さわいで いて うるさいです。
교실에서 아이들이 떠들고 있어서 시끄럽습니다.

---

07 にゅうがく
入学する
名 입학하다

わたし とうきょうだいがく
私は東京大学に ✎入学 しました。

저는 도쿄대학에 입학했습니다.

---

08 そつぎょう
卒業する
名 졸업하다

だいがく あと せんせい
大学を 卒業 した後、先生になろうと
おも
思います。

대학을 졸업한 후, 선생님이 되려고 합니다.

---

09 しゅっせき
出席する
名 출석하다

せんせい
先生は 出席 をとりました。

선생님은 출석을 부르셨습니다.

10
せんぱい
名 선배

せんぱい にノートパソコンを 借りました。
か

선배에게 노트북을 빌렸습니다.

⟺ こうはい 名 후배

---

11 そうだん
相談する
名 상담하다

だいがく せんせい
大学のことで先生と 相談 した。

대학에 관한 일로 선생님과 상담했다.

---

12 かよ
通う ㉒
동 다니다

がっこう じてんしゃ か
学校に 通う ために自転車を買いました。

학교를 다니기 위해서 자전거를 샀습니다.

13
うるさい
イ 시끄럽다

そと こうじ おと
外から工事の音がして うるさい です。

밖에서 공사하는 소리가 나서 시끄럽습니다.

14
えいご
英語
명영어

私は 中国語も 🖊️英語 も 話せます。

저는 중국어도 영어도 말할 수 있습니다.

➕ 中国語 (ちゅうごくご) 명중국어

15
ぶんぽう
文法
명문법

文法 の 授業が むずかしく なりました。

문법 수업이 어려워졌습니다.

➕ 国語 (こくご) 명국어

16
さくぶん
作文する
명작문하다

ジョンさんは 私の 作文 を なおして くれました。

존 씨는 저의 작문을 고쳐 주었습니다.

➕ 会話 (かいわ) 명회화

17
かんじ
漢字
명한자

漢字 は 読むのが 難しいです。

한자는 읽는 것이 어렵습니다.

18
いみ
意味
명의미

この ことばは どういう 意味 ですか。

이 말은 어떤 의미입니까?

19
はつおん
発音する
명발음하다

私は 英語の はつおん を よく 注意されます。

저는 영어 발음을 자주 주의받습니다.

20
くばる
동나눠주다

先生は 学生たちに プリントを くばりました。

선생님은 학생들에게 프린트를 나눠줬습니다.

DAY 2 데일리 테스트

- 단어의 읽는 법이나 쓰는 법을 고르고, 밑줄에 뜻을 써 보세요.

  1 おしえる　　①数える　　　②教える　　　_____

  2 相談　　　　①そだん　　　②そうだん　　_____

  3 授業　　　　①じゅぎょう　②じゅぎょ　　_____

  4 かよう　　　①運う　　　　②通う　　　　_____

  5 そつぎょう　①卒業　　　　②率業　　　　_____

- 단어의 뜻을 찾아 줄을 그어 보세요.

  6 うるさい　　・　　　　　　　　・　①나눠 주다

  7 ちこく　　　・　　　　　　　　・②지각

  8 くばる　　　・　　　　　　　　・③시끄럽다

  9 せんぱい　　・　　　　　　　　・④떠들다

  10 さわぐ　　　・　　　　　　　　・⑤선배

DAY2
데일리 테스트
정답 | **1**② 가르치다　**2**② 상담　**3**① 수업　**4**② 다니다　**5**① 졸업
6③　**7**②　**8**①　**9**⑤　**10**④

270 N4

🏳 예문과 함께 적중 어휘를 외워 봅시다.　◀)) MP3 2-4-3

01 おみやげ ⑮⑯⑱
圐기념품, 토산품

彼女は 来る たびに ✐おみやげ を 持って 来ます。
그녀는 올 때마다 기념품을 가져옵니다.

02 営業する ⑩⑬⑲㉑㉒
圐영업하다

今日の 営業 は もう 終わりました。
오늘 영업은 이미 끝났습니다.

03 住所 ⑩⑳
圐주소

この 紙に 住所 を 書いて ください。
이 종이에 주소를 써 주세요.

04 ちょきんする ⑮⑳
圐저금하다

車を 買う ために ちょきん して います。
차를 사기 위해서 저금을 하고 있습니다.

05 売る ⑮⑳
圐팔다

あの 店では 子ども服を 売って います。
저 매장에서는 아동복을 팔고 있습니다.
➕ 売れる (うれる) ⑳ 圐팔리다

06 買う
圐사다

先週 買って きた 絵を かざりました。
지난주에 사 온 그림을 장식했습니다.

07 ㉒ **ねだん** 명 가격	このテレビは大_{おお}きくて ✐ねだん も 高_{たか}い。 이 텔레비전은 커서 가격도 비싸다.
08 無_む料_{りょう} 명 무료	この美術館_{びじゅつかん}は 65才_{さい}以上_{いじょう}の 方_{かた}なら 無料 です。 이 미술관은 65세 이상인 분이라면 무료입니다.
09 料_{りょう}金_{きん} 명 요금	来月_{らいげつ} タクシーの 料金 が あがります。 다음 달 택시 요금이 인상됩니다.
10 おつり 명 거스름돈	500円_{えん}の おつり です。 거스름돈 500엔입니다.
11 ⑪ 払_{はら}う 동 지불하다	今月_{こんげつ}の やちんを 払う のを 忘_{わす}れました。 이번 달 월세를 지불하는 것을 깜빡했습니다.
12 大_{おお}きい イ 크다	大きい デパートが できて 便利_{べんり}に なりました。 큰 백화점이 생겨서 편리해졌습니다. ⇔ 小さい (ちいさい) イ 작다
13 ⑭ 高_{たか}い イ 높다, 비싸다	この ビルは 世界_{せかい}で いちばん 高い 。 이 빌딩은 세계에서 가장 높다. ⇔ 安い (やすい) イ 싸다

14 ⑬㉒

えんりょする
명 사양하다

どうぞ 🖉えんりょ しないで たくさん 食(た)べて ください。
부디 사양하지 말고 많이 드세요.

15

じょうほう
명 정보

ファッションの じょうほう を 教(おし)えて
くれる アプリも あります。
패션 정보를 가르쳐 주는 어플도 있습니다.

16

せいひん
명 제품

この せいひん は イタリア製(せい)です。
이 제품은 이탈리아 제품입니다.
➕ 品物 (しなもの) 명 물건, 상품

17

楽(たの)しみ
명 즐거움, 낙

私(わたし)は 買(か)い物(もの)に 行(い)くのが 楽しみ です。
저는 쇼핑하러 가는 것이 즐거움입니다.

18

試着(しちゃく)する
명 (옷이 맞는지) 입어
봄, 피팅하다

この スカートを 試着 しても いいでしょ
うか。
이 스커트 입어 봐도 될까요?

19

売店(ばいてん)
명 매점

売店 で おみやげを 買(か)いました。
매점에서 기념품을 샀습니다.

20

もうしこむ
동 신청하다

東京(とうきょう)オリンピックの チケットを
もうしこんだ 。
도쿄 올림픽 티켓을 신청했다.

● 단어의 읽는 법이나 쓰는 법을 고르고, 밑줄에 뜻을 써 보세요.

1 営業　　　① のうぎょう　　② えいぎょう　　_____

2 うる　　　① 売る　　　　② 買う　　　　_____

3 はらう　　① 仏う　　　　② 払う　　　　_____

4 高い　　　① たかい　　　② やすい　　　_____

5 住所　　　① じゅしょ　　② じゅうしょ　　_____

● 단어의 뜻을 찾아 줄을 그어 보세요.

6 えんりょ　　・　　　　　　・ ① 신청하다

7 もうしこむ　・　　　　　　・ ② 토산품, 기념품

8 せいひん　　・　　　　　　・ ③ 저금

9 おみやげ　　・　　　　　　・ ④ 사양

10 ちょきん　　・　　　　　　・ ⑤ 제품

DAY3
데일리 테스트
정답
| **1** ② 영업　**2** ① 팔다　**3** ② 지불하다　**4** ① 비싸다　**5** ② 주소
| **6** ④　**7** ①　**8** ⑤　**9** ②　**10** ③

274　N4

DAY 4 경제

1회 2회 3회

📖 예문과 함께 적중 어휘를 외워 봅시다.   🔊 MP3 2-4-4

01
けいざい
명 경제

世界の ✏けいざい は あまり よく ない。
세계 경제는 별로 좋지 않다.

02
世界 ⑬⑲
명 세계

この ビルは 世界 で いちばん 高い。
이 빌딩은 세계에서 가장 높다.

03
人口 ⑫
명 인구

この 町は 人口 が ふえて います。
이 마을은 인구가 증가하고 있습니다.

04
ゆしゅつ する ⑬
명 수출하다

この 国は こめを ゆしゅつ して います。
이 나라는 쌀을 수출하고 있습니다.

05
ゆにゅう する
명 수입하다

これは ドイツから ゆにゅう した 車です。
이것은 독일에서 수입한 차입니다.

06
生活 する
명 생활하다

いなかで 生活 したいと 考えて いる 人が
多いです。
시골에서 생활하고 싶다고 생각하고 있는 사람이
많습니다.

07 **ぼうえき**する 名 무역하다	<ruby>日<rt>に</rt></ruby><ruby>本<rt>ほん</rt></ruby>は <ruby>多<rt>おお</rt></ruby>くの <ruby>外<rt>がい</rt></ruby><ruby>国<rt>こく</rt></ruby>と ✐ぼうえき をして いる。 일본은 많은 외국과 무역을 하고 있다.
08 **しょるい** 名 서류	この しょるい に サインして ください。 이 서류에 사인해 주세요.
09 <ruby>海<rt>かい</rt></ruby><ruby>外<rt>がい</rt></ruby> 名 해외	はじめて 海外 <ruby>旅<rt>りょ</rt></ruby><ruby>行<rt>こう</rt></ruby>に <ruby>行<rt>い</rt></ruby>った。 처음 해외여행을 갔다.
10 <ruby>紹<rt>しょう</rt></ruby><ruby>介<rt>かい</rt></ruby>する 名 소개하다	<ruby>安<rt>やす</rt></ruby>い ホテルを 紹介 して ください。 저렴한 호텔을 소개해 주세요.
11 **すごい** イ 굉장하다	<ruby>毎<rt>まい</rt></ruby><ruby>月<rt>つき</rt></ruby> お<ruby>金<rt>かね</rt></ruby>を ちょきんするなんて、 すごい ことだと <ruby>思<rt>おも</rt></ruby>う。 매달 돈을 저금하다니 굉장한 일이라고 생각한다.
12 <ruby>残<rt>ざん</rt></ruby><ruby>念<rt>ねん</rt></ruby>だ ⑬⑮ ナ 유감스럽다	とても <ruby>行<rt>い</rt></ruby>きたかったのに <ruby>旅<rt>りょ</rt></ruby><ruby>行<rt>こう</rt></ruby>が <ruby>中<rt>ちゅう</rt></ruby><ruby>止<rt>し</rt></ruby>に なって 残念です 。 매우 가고 싶었는데 여행이 중지되어 유감스럽습니다.
13 **さかんだ** ナ 활발하다, 번창하다	<ruby>日<rt>に</rt></ruby><ruby>本<rt>ほん</rt></ruby>は カナダとの ぼうえきが さかんだ 。 일본은 캐나다와의 무역이 활발하다.

14 こうぎょう
工業
명 공업

この 町は ✏️工業 が さかんだ。

이 마을은 공업이 활발하다.

➕ 産業 (さんぎょう) 명 산업 ┃ 農業 (のうぎょう) 명 농업

15 さんかする
명 참가하다

彼は オリンピックに さんか した。

그는 올림픽에 참가했다.

16 こくさい
명 국제

私は こくさい 問題に きょうみが あります。

저는 국제 문제에 흥미가 있습니다.

17 はいたつする
명 배달하다

郵便は 1日 1回 はいたつ されます。

우편은 1일 1회 배달됩니다.

18 くらべる
동 비교하다

去年に くらべて やさいの ねだんが あがりました。

작년에 비해 채소 가격이 올랐습니다.

19 あがる
동 (물가 등이) 오르다

コーヒーの ねだんが 10% あがりました。

커피 가격이 10% 올랐습니다.

20 ほしい
형 갖고 싶다, 원하다

もっと 大きい れいぞうこが ほしい です。

좀 더 큰 냉장고를 갖고 싶습니다.

• 단어의 읽는 법이나 쓰는 법을 고르고, 밑줄에 뜻을 써 보세요.

1 人口 　　 ① じんこう 　　 ② にんこう 　　 ＿＿＿＿＿

2 せいかつ 　 ① 性活 　　　 ② 生活 　　　 ＿＿＿＿＿

3 紹介 　　 ① しょかい 　　 ② しょうかい 　 ＿＿＿＿＿

4 かいがい 　 ① 海外 　　　 ② 侮外 　　　 ＿＿＿＿＿

5 世界 　　 ① せいかい 　　 ② せかい 　　 ＿＿＿＿＿

• 단어의 뜻을 찾아 줄을 그어 보세요.

6 こくさい 　　・ 　　　　　　・ ① 수출

7 さかんだ 　　・ 　　　　　　・ ② 국제

8 ゆしゅつ 　　・ 　　　　　　・ ③ 비교하다

9 くらべる 　　・ 　　　　　　・ ④ 활발하다, 번창하다

10 残念だ 　　・ 　　　　　　・ ⑤ 유감스럽다

1 ① 인구 　**2** ② 생활 　**3** ② 소개 　**4** ① 해외 　**5** ② 세계
6 ② 　**7** ④ 　**8** ① 　**9** ③ 　**10** ⑤

DAY 5 부사

1회 2회 3회

🚩 예문과 함께 적중 어휘를 외워 봅시다.   🔊 MP3 2-4-5

---

01 ⑩
とくに
특히

この 本は ✏ とくに 読むのが 難しい。
이 책은 특히 읽는 게 어렵다.

02
きゅうに
갑자기

天気が きゅうに 変わった。
날씨가 갑자기 바뀌었다.

03
さっき
조금 전에

さっき 山田さんから 電話が ありました。
조금 전에 야마다 씨로부터 전화가 왔습니다.

---

04 ⑪
ぜひ
부디, 꼭

ぜひ 一度 読んで みて ください。
부디 한번 읽어 보세요.

---

05 ㉑
かならず
반드시

レポートは かならず 5時までに 出して
ください。
리포트는 반드시 5시까지 제출해 주세요.

06
もっと
좀 더

もっと きれいに 書いて ください。
좀 더 깨끗이 써 주세요.

4주째 **279**

07 ⑪⑬
ぜんぜん
全然~ない
전혀 ~않다

こちらでは、 ✎ぜんぜん 日本語を 使い ✎ません 。
여기에서는 전혀 일본어를 사용하지 않습니다.

08
あまり~ない
그다지 ~않다

にちようび
日曜日は あまり 勉強し ません 。
일요일은 별로 공부하지 않습니다.

➕ あまり 뒤가 긍정문 일 때, '너무 ~하다'로 해석

09
なかなか~ない
좀처럼 ~않다

かぜが なかなか なおり ません 。
감기가 좀처럼 낫지 않습니다.

10
まっすぐ
똑바로, 곧장

ゆうびんきょく
郵便局は まっすぐ 行って ください。
우체국은 곧장 가 주세요.

11 ⑭
もうすぐ
이제 곧, 머지않아

もうすぐ 電車が 来ます。
이제 곧 전철이 옵니다.

12 ⑪
ちょうど
마침, 꼭

ちょうど 今食べた ところです。
마침 지금 막 먹은 참입니다.

13 ㉒
ずっと
쭉, 계속

きのう
昨日は ずっと 家にいました。
어제는 쭉 집에 있었습니다.

➕ ずっと는 '훨씬'이라는 의미도 가지고 있음

14 にこにこ ⑬⑫
생글생글, 싱글벙글

彼女は いつも 🖉にこにこ して います。
그녀는 항상 싱글벙글하고 있습니다.

15 どきどき
두근두근

こわくて どきどき しました。
무서워서 두근거렸습니다.

16 ときどき
때때로, 가끔

私は ときどき 図書館で 彼に 会う。
나는 때때로 도서관에서 그를 만난다.
≒ たまに 가끔

17 そろそろ
이제 곧, 슬슬

そろそろ 家に 帰る 時間です。
이제 곧 집에 돌아갈 시간입니다.

18 だんだん
점점

だんだん 明るく なって きた。
점점 밝아졌다.

19 ぐっすり
푹(깊은 잠을 자는
모양)

ぐっすり おやすみなさい。
푹 주무세요.

20 びっくりする
깜짝 놀라다

10年前の 母の 写真を 見て びっくり
しました。
10년 전 어머니의 사진을 보고 깜짝 놀랐습니다.

DAY 5 데일리 테스트

● 단어의 뜻을 찾아 줄을 그어 보세요.

1 ぜひ　　　　　　・　　　　　・ ① 이제 곧, 머지않아

2 あまり~ない　・　　　　　・ ② 부디, 꼭

3 全然(ぜんぜん)~ない　・　　　　　・ ③ 그다지 ~않다

4 とくに　　　　・　　　　　・ ④ 전혀 ~않다

5 もうすぐ　　　・　　　　　・ ⑤ 특히

● 단어의 뜻을 찾아 줄을 그어 보세요.

6 そろそろ　　　・　　　　　・ ① 마침, 꼭

7 なかなか~ない　・　　　　・ ② 깜짝

8 ちょうど　　　・　　　　　・ ③ 이제 곧, 슬슬

9 ぐっすり　　　・　　　　　・ ④ 좀처럼 ~않다

10 びっくり　　　・　　　　　・ ⑤ 푹

DAY5
데일리 테스트
정답

1 ②　**2** ③　**3** ④　**4** ⑤　**5** ①
6 ③　**7** ④　**8** ①　**9** ⑤　**10** ②

DAY 6 자·타동사　1회 2회 3회

📖 예문과 함께 적중 어휘를 외워 봅시다.　🔊 MP3 2-4-6

01	あつ **集まる** **자동** 모이다	がくせい 学生が 🖊集まりました 。 학생이 모였습니다.
02	あつ **集める** ⑫ **타동** 모으다	がくせい 学生を 集めました 。 학생을 모았습니다.
03	き **決まる** ⑩⑱㉒ **자동** 결정되다	い ばしょ 行く場所が 決まりました 。 갈 장소가 정해졌습니다.
04	き **決める** ⑫⑬ **타동** 결정하다	い ばしょ 行く場所を 決めました 。 갈 장소를 정했습니다.
05	お **落ちる** ⑭ **자동** 떨어지다	さいふが 落ちました 。 지갑이 떨어졌습니다.
06	お **落とす** ⑪⑬ **타동** 떨어뜨리다	さいふを 落としました 。 지갑을 떨어뜨렸습니다.

07 た **建つ** [자동] 서다, 세워지다	^{たてもの} 建物が ✏️建ちました 。 건물이 세워졌습니다.
08 た ⑪ **建てる** [타동] 세우다	^{たてもの} 建物を 建てました 。 건물을 세웠습니다.
09 はじ **始まる** [자동] 시작되다	^{かいぎ} 会議が 始まりました 。 회의가 시작되었습니다.
10 はじ ⑫ **始める** [타동] 시작하다	^{かいぎ} 会議を 始めました 。 회의를 시작했습니다.
11 ⑮⑲㉒ **こわれる** [자동] 고장나다	パソコンが こわれました 。 컴퓨터가 고장났습니다.
12 **こわす** [타동] 부수다, 고장내다	^{たてもの} 建物を こわしました 。 건물을 부쉈습니다.
13 ㉓ **とどく** [자동] 도착하다	にもつが とどきました 。 짐이 도착했습니다.

14 とどける 타동 보내다	にもつを ✎とどけました 。 짐을 보냈습니다.
15 で 出る 자동 나오다	犬が 外に 出ました 。 강아지가 밖으로 나왔습니다.
16 だ 出す 타동 내놓다, 제출하다	レポートを 出しました 。 리포트를 제출했습니다.
17 みつかる 자동 발견되다	かぎが みつかりました 。 열쇠가 발견되었습니다.
18 みつける 타동 발견하다, 찾다	かぎを みつけました 。 열쇠를 발견했습니다.
19 わ 割れる 자동 깨지다	グラスが 割れて しまいました。 유리컵이 깨져 버렸습니다.
20 わ 割る 타동 깨다	グラスを 割って しまいました。 유리컵을 깨 버렸습니다.

● 단어의 뜻을 찾아 줄을 그어 보세요.

1 落とす ・　　　・ ① 모이다

2 集まる ・　　　・ ② 고장나다

3 割る ・　　　・ ③ 떨어뜨리다

4 こわれる ・　　　・ ④ 깨다

5 決める ・　　　・ ⑤ 정하다

● 단어의 뜻을 찾아 줄을 그어 보세요.

6 みつける ・　　　・ ① 떨어지다

7 始める ・　　　・ ② 발견하다

8 落ちる ・　　　・ ③ 결정되다

9 届ける ・　　　・ ④ 시작하다

10 決まる ・　　　・ ⑤ 보내다

DAY6
데일리 테스트
정답

1 ③ **2** ① **3** ④ **4** ② **5** ⑤
6 ② **7** ④ **8** ① **9** ⑤ **10** ③

실력 체크

한 주 동안 외운 단어를
점검해 봅시다!

🖉 단어의 읽는 법과 의미를 써 봅시다.　　🔊 MP3 2-4-1

단 어			단 어		
□ 勉強	읽는법		□ 難しい	읽는법	
	의 미			의 미	
□ 研究	읽는법		□ やさしい	읽는법	
	의 미			의 미	
□ 説明	읽는법		□ 簡単だ	읽는법	
	의 미			의 미	
□ 意見	읽는법		□ 地理	읽는법	
	의 미			의 미	
□ おぼえる	읽는법		□ テキスト	읽는법	
	의 미			의 미	
□ 数える	읽는법		□ ふくしゅう	읽는법	
	의 미			의 미	
□ 試験	읽는법		□ よしゅう	읽는법	
	의 미			의 미	
□ 質問	읽는법		□ 練習	읽는법	
	의 미			의 미	
□ 字	읽는법		□ がんばる	읽는법	
	의 미			의 미	
□ 問題	읽는법		□ ねっしんだ	읽는법	
	의 미			의 미	

✏️ 단어의 읽는 법과 의미를 써 봅시다.   🔊 MP3 2-4-2

단 어		단 어	
□ 教室	읽는법 ____ 의 미 ____	□ 相談	읽는법 ____ 의 미 ____
□ 図書館	읽는법 ____ 의 미 ____	□ 通う	읽는법 ____ 의 미 ____
□ 授業	읽는법 ____ 의 미 ____	□ うるさい	읽는법 ____ 의 미 ____
□ ちこく	읽는법 ____ 의 미 ____	□ 英語	읽는법 ____ 의 미 ____
□ 教える	읽는법 ____ 의 미 ____	□ 文法	읽는법 ____ 의 미 ____
□ さわぐ	읽는법 ____ 의 미 ____	□ 作文	읽는법 ____ 의 미 ____
□ 入学	읽는법 ____ 의 미 ____	□ 漢字	읽는법 ____ 의 미 ____
□ 卒業	읽는법 ____ 의 미 ____	□ 意味	읽는법 ____ 의 미 ____
□ 出席	읽는법 ____ 의 미 ____	□ 発音	읽는법 ____ 의 미 ____
□ せんぱい	읽는법 ____ 의 미 ____	□ くばる	읽는법 ____ 의 미 ____

🖊 단어의 읽는 법과 의미를 써 봅시다.　　(🔊 MP3 2-4-3)

단 어		단 어	
☐ おみやげ	읽는법 의 미	☐ 払う	읽는법 의 미
☐ 営業	읽는법 의 미	☐ 大きい	읽는법 의 미
☐ 住所	읽는법 의 미	☐ 高い	읽는법 의 미
☐ ちょきん	읽는법 의 미	☐ えんりょ	읽는법 의 미
☐ 売る	읽는법 의 미	☐ じょうほう	읽는법 의 미
☐ 買う	읽는법 의 미	☐ せいひん	읽는법 의 미
☐ ねだん	읽는법 의 미	☐ 楽しみ	읽는법 의 미
☐ 無料	읽는법 의 미	☐ 試着	읽는법 의 미
☐ 料金	읽는법 의 미	☐ 売店	읽는법 의 미
☐ おつり	읽는법 의 미	☐ もうしこむ	읽는법 의 미

🖊 단어의 **읽는 법**과 **의미**를 써 봅시다.　　🔊 MP3 2-4-4

단 어		단 어	
□ けいざい	읽는법 의 미	□ すごい	읽는법 의 미
□ 世界	읽는법 의 미	□ 残念だ	읽는법 의 미
□ 人口	읽는법 의 미	□ さかんだ	읽는법 의 미
□ ゆしゅつ	읽는법 의 미	□ 工業	읽는법 의 미
□ ゆにゅう	읽는법 의 미	□ さんか	읽는법 의 미
□ 生活	읽는법 의 미	□ こくさい	읽는법 의 미
□ ぼうえき	읽는법 의 미	□ はいたつ	읽는법 의 미
□ しょるい	읽는법 의 미	□ くらべる	읽는법 의 미
□ 海外	읽는법 의 미	□ あがる	읽는법 의 미
□ 紹介	읽는법 의 미	□ ほしい	읽는법 의 미

단어의 읽는 법과 의미를 써 봅시다.　🔊 MP3 2-4-5

단 어			단 어		
□ とくに	읽는법		□ もうすぐ	읽는법	
	의 미			의 미	
□ きゅうに	읽는법		□ ちょうど	읽는법	
	의 미			의 미	
□ さっき	읽는법		□ ずっと	읽는법	
	의 미			의 미	
□ ぜひ	읽는법		□ にこにこ	읽는법	
	의 미			의 미	
□ かならず	읽는법		□ どきどき	읽는법	
	의 미			의 미	
□ もっと	읽는법		□ ときどき	읽는법	
	의 미			의 미	
□ 全然～ない	읽는법		□ そろそろ	읽는법	
	의 미			의 미	
□ あまり～ない	읽는법		□ だんだん	읽는법	
	의 미			의 미	
□ なかなか～ない	읽는법		□ ぐっすり	읽는법	
	의 미			의 미	
□ まっすぐ	읽는법		□ びっくり	읽는법	
	의 미			의 미	

학습 날짜 ____ / ____   달성 목표 20개 중 ____개 암기!

✏️ 단어의 **읽는 법**과 **의미**를 써 봅시다.   🔊 MP3 2-4-6

단 어			단 어		
□ 集まる	읽는법		□ こわれる	읽는법	
	의 미			의 미	
□ 集める	읽는법		□ こわす	읽는법	
	의 미			의 미	
□ 決まる	읽는법		□ とどく	읽는법	
	의 미			의 미	
□ 決める	읽는법		□ とどける	읽는법	
	의 미			의 미	
□ 落ちる	읽는법		□ 出る	읽는법	
	의 미			의 미	
□ 落とす	읽는법		□ 出す	읽는법	
	의 미			의 미	
□ 建つ	읽는법		□ みつかる	읽는법	
	의 미			의 미	
□ 建てる	읽는법		□ みつける	읽는법	
	의 미			의 미	
□ 始まる	읽는법		□ 割れる	읽는법	
	의 미			의 미	
□ 始める	읽는법		□ 割る	읽는법	
	의 미			의 미	

실전 JLPT 도전

문제 1 ＿＿＿의 단어는 히라가나로 어떻게 씁니까? 1·2·3·4 중 가장 적당한 것을 하나 고르세요.

1 だいがくいんで　<u>研究</u>を　して　います。대학원에서 연구를 하고 있습니다.
1　けんきゅう　　　　　　2　げんきゅう
3　けんきゅ　　　　　　　4　げんきゅ

2 たまごが　いくつ　あるか　<u>数えて</u>　ください。계란이 몇 개 있는지 세어 주세요.
1　こたえて　　　　　　　2　おしえて
3　かんがえて　　　　　　4　かぞえて

문제 2 ＿＿＿의 단어는 어떻게 씁니까? 1·2·3·4에서 가장 알맞은 것을 하나 고르세요.

3 この　かんじの　よみかたを　<u>おしえて</u>　ください。

이 한자의 읽는 법을 가르쳐 주세요.

1　孝えて　　2　数えて　　3　教えて　　4　考えて

4 今夜は　おそくまで　<u>べんきょうを</u>　します。

오늘 밤에는 늦게까지 공부를 하겠습니다.

1　勉強　　　2　勉弱　　　3　勉張　　　4　勉引

문제 3 （　）에 무엇을 넣습니까? 1·2·3·4에서 가장 적당한 것을 하나 고르세요.

5 どうぞ　（　　）しないで　たくさん　食べて　ください。

부디 사양하지 마시고 많이 드세요.

1　しつれい　2　えんりょ　3　ちゅうい　4　はんたい

6 テーブルから　コップを　（　　　）、わって　しまった。

테이블에서 컵을 떨어뜨려서 깨 버렸다.

1　わたして　　2　なくして　　3　こわして　　4　おとして

문제 4 ＿＿＿의 문장과 대체로 같은 의미의 문장이 있습니다. 1·2·3·4에서 가장 적당한 것을 하나 고르세요.

7 この　国は　こめを　ゆしゅつして　いますか。

이 나라는 쌀을 수출하고 있습니까?

1　この　国は　こめを　ほかの　国から　もらって　いますか。

2　この　国は　こめを　ほかの　国から　かって　いますか。

3　この　国は　こめを　ほかの　国から　あげて　いますか。

4　この　国は　こめを　ほかの　国に　うって　いますか。

문제 5 다음 단어의 쓰임으로 가장 적당한 것을 1·2·3·4에서 하나 고르세요.

8 ちこく　　지각

1　じゅぎょうに　ちこくして　すみません。

2　あの　とけいは　ちょっと　ちこくして　います。

3　10時の　でんしゃに　ちこくして　しまいました。

4　れんらくが　ちこくして　すみません。

실전 JLPT 도전 정답

1 1　**2** 4　**3** 3　**4** 1　**5** 2　**6** 4　**7** 4　**8** 1

✢ 자주 출제되는 가타카나 ✢

☐ アイディア ⑩	아이디어		☐ アクセサリー	액세서리
☐ アジア	아시아		☐ アナウンサー	아나운서
☐ アフリカ	아프리카		☐ アルバイト	아르바이트
☐ インターネット ⑪	인터넷		☐ エアコン	에어컨
☐ エスカレーター	에스컬레이터		☐ エレベーター	엘리베이터
☐ オープン	오픈		☐ カッター ⑳	커터, 작은 칼
☐ カタログ	카탈로그		☐ ガラス	유리
☐ カレンダー	캘린더, 달력		☐ クラブ	클럽, 동아리
☐ コピー	복사		☐ コンサート	콘서트
☐ コンピューター	컴퓨터		☐ サービス	서비스
☐ サイズ	사이즈		☐ サイン	사인, 서명
☐ サッカー	축구		☐ サラダ	샐러드
☐ サンドイッチ	샌드위치		☐ ジャム	잼
☐ ジュース	주스		☐ スイッチ ⑫⑬㉒	스위치
☐ スーツ	양복		☐ スープ	수프
☐ スタート	스타트, 시작		☐ ステーキ	스테이크
☐ ストレス	스트레스		☐ スマホ	스마트폰
☐ セーター	스웨터		☐ セール	세일
☐ セット	세트		☐ ソファ	소파
☐ ソフト	소프트, 부드러움		☐ ダイエット	다이어트
☐ アナウンス	아나운스, 안내방송		☐ インフルエンザ	인플루엔자, 독감

	タイプ	타입		タオル	타월, 수건
☐	タイプ	타입	☐	タオル	타월, 수건
☐	ダンス	댄스	☐	チーズ	치즈
☐	チェック ⑩	체크	☐	チケット N5 ㉒	티켓
☐	チャンス ⑮	찬스, 기회	☐	テキスト	텍스트, 교과서
☐	デパート	백화점	☐	ドア	문
☐	ドライブ	드라이브	☐	ニュース	뉴스
☐	パーティー	파티	☐	パート	파트, 시간제 근무
☐	バイク	오토바이	☐	バスケットボール	농구
☐	パスタ	파스타	☐	パソコン	퍼스널 컴퓨터
☐	バレーボール	배구	☐	パンツ	팬티, 바지
☐	ハンバーガー	햄버거	☐	ピアノ	피아노
☐	ビール	맥주	☐	ビル	빌딩
☐	ファイル	파일	☐	プール	수영장
☐	プレゼント	선물	☐	ベル	벨
☐	ボール	공	☐	ポスター	포스터
☐	ボタン	버튼, 단추	☐	ミス	실수
☐	メートル	미터	☐	メール	메일
☐	メニュー ⑫	메뉴	☐	ヨーロッパ	유럽
☐	ルール	룰, 규칙	☐	レジ	레지스터, 계산대
☐	レストラン	레스토랑	☐	レポート	리포트
☐	ワイシャツ	와이셔츠	☐	ワイン	와인

• 자주 출제되는 구문

☐ バスに のりかえる ⑭	버스로 갈아타다
☐ くうこうへ むかえに 行く ⑭	공항에 마중 나가다
☐ 花を かざる ⑭	꽃을 장식하다
☐ 雨が やむ ⑭⑫㉓	비가 그치다
☐ さいふを おとす ⑬⑪	지갑을 떨어뜨리다(분실하다)
☐ スイッチを 押す ⑬	스위치를 누르다
☐ なくした かぎを みつける ⑬	분실한 열쇠를 발견하다
☐ タバコを やめる	담배를 끊다
☐ えんりょしないで 食べて ください ⑬	사양하지 말고 드세요
☐ 犬の せわを して いる ⑬	강아지를 돌보고 있다
☐ 病院に よって 会社に 行く ⑫	병원에 들르고 회사에 간다
☐ プレゼントを つつんで もらいました ⑫	선물을 포장해 받았습니다
☐ 足を けがして しまいました ⑫	다리를 다치고 말았습니다
☐ かいぎの じかんに まに あいました ⑫	회의 시간에 늦지 않게 갔습니다
☐ かさを さす ⑫	우산을 쓰다
☐ 川を わたる ⑫	강을 건너다
☐ くるまが こしょうした ⑪	차가 고장났다
☐ 子どもが ねつを だした ⑪	아이가 열이 났다
☐ しょくじだいを はらう ⑪	밥값을 지불하다
☐ さわらないで ください ⑪	만지지 마세요
☐ ふくが まだ かわいて いない ⑪	옷이 아직 마르지 않았다
☐ くるまを とめる ⑪	차를 세우다

• 인사말

☐	いかがですか	어떻습니까?
☐	おかげさまで	덕분에요
☐	お元気で	건강하세요
☐	おじゃまします	실례하겠습니다(방문 시, 집에 들어갈 때)
☐	おめでとうございます	축하합니다
☐	お待たせしました	오래 기다리셨습니다
☐	おだいじに	몸조리 잘하세요, 몸조심 하세요
☐	お先に 失礼します	먼저 실례하겠습니다, 먼저 들어가겠습니다
☐	お疲れさまでした	수고하셨습니다
☐	かしこまりました	알겠습니다
☐	かまいません	상관없습니다
☐	こちらこそ	저야말로
☐	失礼します	실례합니다
☐	ごめんください	실례합니다, 누구 계세요?(방문 시, 문 앞에서)
☐	どういたしまして	천만에요
☐	よく いらっしゃいました	잘 오셨습니다
☐	お気を つけて	조심하세요
☐	ただいま	다녀왔습니다
☐	お帰りなさい	잘 다녀왔어요?, 어서 오세요
☐	行って きます	다녀오겠습니다
☐	行って まいります	다녀오겠습니다(정중한 표현)
☐	行って らっしゃい	다녀오세요

1 동사 접속 활용표1

사전형	ない형 (~하지 않다)	ます형 (~합니다)	명사 수식형 (~하는)	가정형 ば (~하면)	의지 · 권유형 (~해야지 · ~하자)
1그룹	u→a+ない	u→i+ます	u+명사	u→e+ば	u→o+う
行く	行かない	行きます	行く人	行けば	行こう
待つ	待たない	待ちます	待つ人	待てば	待とう
作る	作らない	作ります	作る人	作れば	作ろう
急ぐ	急がない	急ぎます	急ぐ人	急げば	急ごう
会う 예외	会わない	会います	会う人	会えば	会おう
帰る 예외 1그룹	帰らない	帰ります	帰る人	帰れば	帰ろう
2그룹	る→ない	る→ます	る+명사	る→れば	る→よう
食べる	食べない	食べます	食べる人	食べれば	食べよう
見る	見ない	見ます	見る人	見れば	見よう
3그룹	불규칙				
する	しない	します	する人	すれば	しよう
くる	こない	きます	くる人	くれば	こよう

✅ う로 끝나는 1그룹 동사는 ない형으로 활용할 때 주의해야 한다.

　　(예) あう + ない = あわない(O), ああない(X)

　　　　 かう + ない = かわない(O), かあない(X)

✅ かえる(돌아가다, 돌아오다)처럼 겉모습은 2그룹처럼 생겼지만 1그룹 활용을 하는 동사가 있는데, 이런 동사를 예외 1그룹 동사라고 한다. 아래의 예외 1그룹 동사는 일상생활에서 자주 사용하고 시험에도 자주 출제되고 있다.

　　(예) 예외 1그룹 동사

いる 필요하다	→	いります	しる 알다	→	しります
かえる 돌아가(오)다	→	かえります	はいる 들어가(오)다	→	はいります
きる 자르다	→	きります	はしる 달리다	→	はしります

2 동사 접속 활용표2

사전형	연결형(て형)/과거형(た형) (~하고, ~해서)/(~했다)	열거(たり형) (~하거나)	조건(たら형) (~하면, ~했더니)
1그룹	う・つ・る→って/った む・ぶ・ぬ→んで/んだ く・ぐ→いて・いで/いた・いだ す→して/した	う・つ・る→ったり む・ぶ・ぬ→んだり く・ぐ→いたり・いだり す→したり	う・つ・る→ったら む・ぶ・ぬ→んだら く・ぐ→いたら・いだら す→したら
会う	会って/った	会ったり	会ったら
待つ	待って/った	待ったり	待ったら
作る	作って/った	作ったり	作ったら
読む	読んで/んだ	読んだり	読んだら
遊ぶ	遊んで/んだ	遊んだり	遊んだら
死ぬ	死んで/んだ	死んだり	死んだら
書く	書いて/いた	書いたり	書いたら
急ぐ	急いで/いだ	急いだり	急いだら
話す	話して/した	話したり	話したら
行く 예외	行って/った	行ったり	行ったら
帰る 예외 1그룹	帰って/った	帰ったり	帰ったら
2그룹	る→て/た	る→たり	る→たら
食べる	食べて/た	食べたり	食べたら
見る	見て/た	見たり	見たら
3그룹	불규칙		
する	して/た	したり	したら
くる	きて/た	きたり	きたら

⊘ く로 끝나는 1그룹 동사는 て・た・たり・たら형으로 활용할 때, 끝이 いて・いた・いたり
・いたら로 바뀌는데, 行く(가다)의 경우는 行って・行った・行ったり・行ったら로 바뀐다.

3 사역·수동·사역 수동 표현

구분	사역형	수동형	사역 수동형
형태	**(さ)せる**	**(ら)れる**	**(さ)せられる**
의미	시키다, ~하게 하다	~당하다, ~되다, ~받다, ~지다	억지로 ~하다, 어쩔 수 없이 ~하다
1그룹	끝을 あ단으로 바꾸고 +せる よむ→よませる	끝을 あ단으로 바꾸고 +れる かく→かかれる	끝을 あ단으로 바꾸고 +せられる(=される) まつ→またせられる =またされる
2그룹	る를 없애고+させる たべる→たべさせる	る를 없애고+られる みる→みられる	る를 없애고+させられる たべる→たべさせられる
3그룹	する→させる くる→こさせる	する→される くる→こられる	する→させられる くる→こさせられる

4 수수(주고받는) 표현

	あげる (내가 남에게) 주다	くれる (남이 나에게) 주다	もらう (내가 남에게) 받다
사물 수수	あげます 줍니다	くれます 줍니다	もらいます 받습니다
행동 수수	てあげます 해 줍니다	てくれます 해 줍니다	てもらいます 해 받습니다
경어 수수	てさしあげます 해 드립니다	てくださいます 해 주십니다	ていただきます 해 받습니다

✓ 주고받는 표현에서 私에는 내 그룹, 즉 가족·회사 동료 등도 포함된다.

✓ 행동을 주고받았을 때는 동사를 연결하는 て형을 붙여 てあげる, てくれる, てもらう를 사용한다.

✓ あげる(주다)대신 やる(주다)를 사용할 때도 있는데, やる는 동물이나 식물, 아이 등에게
　줄 때 사용한다.

5 추측 표현

	そうだ		ようだ		らしい
	겉모습만 보고 판단, 순간적인 판단 ~ 할(일)것 같다		주관적 근거에 의한 추측 ~인(한)것 같다		객관적 근거에 의한 추측 ~라는 것 같다
동사 ます형	ふりそうだ 비가 내릴 것 같다	동사 사전형	ふるようだ 내리는 것 같다	동사 사전형	ふるらしい 내린다는 것 같다
い형용사~	さむそうだ 추울 것 같다	い형용사い	さむいようだ 추운 것 같다	い형용사い	さむいらしい 춥다는 것 같다
な형용사だ	ひまそうだ 한가할 것 같다	な형용사な	ひまなようだ 한가한 것 같다	な형용사だ	ひまらしい 한가하다는 것 같다
명사	X	명사の	日本人のようだ 일본인인 것 같다	명사	日本人らしい 일본인이라는 것 같다

⊘ **そうだ의 주의해야 하는 접속형태**

いい(좋다)+そうだ ➡ よさそうだ(좋을 것 같다)

ない(없다)+そうだ ➡ なさそうだ(없을 것 같다)

⊘ **ようだ와 らしい의 주의해야 하는 접속형태**

ようだ와 らしい의 경우 접속하는 모든 품사는 과거 た형(ふった・さむかった・ひまだった・日本人だった)에도 접속할 수 있다.

⊘ **みたいだ는 ようだ의 회화적 표현으로 뜻은 같지만, 접속형태는 らしい와 같다.**

ふるみたいだ(내리는 것 같다), さむいみたいだ(추운 것 같다),

ひまみたいだ(한가한 것 같다), 日本人みたいだ(일본인인 것 같다)